心理戦がうまい人

内藤誼人

三笠書房

まえがき――「心理戦のやり方」を知らずに損をしていませんか？

世の中では、いたるところで、**「ちょっとした心理戦」**がくり広げられています。

職場や学校、家庭はもちろん、恋愛や交渉ごとの場から、ショッピングモールやスーパー、コンビニなどの商業施設、ネット空間にいたるまで、「人がいるところ、心理戦のないところはない」とも言えるかもしれません。

「マウンティングしてくる相手を、やんわりといなすコツは？」

「お客さんの財布のヒモをゆるめて、売り上げを伸ばしたい」

「気になるあの人を、デートに誘いたい。でも断られたらどうしよう……」

「なぜ自分の企画は通らないの？　どうすれば相手に伝わる？」

「スマホばかり見ている子どもを机に向かわせたい」

……こんなふうに思ったこと、あなたにもあるのではないでしょうか。

生きていく上で**「他者とのちょっとした心理戦」**は避けられないもの。
穏《おだ》やかでハッピーな人生を送るため、そして人からの強すぎる「圧」でイヤな思いをしたり、不利な立場に追い込まれたりしないためにも、私たちはうまく言葉を選び、かしこく立ち回る必要があるのです。

それに加えて、私たちは自分の「弱い心」とも戦わなくてはなりません。

「お店に出かけると、つい余計なものまで買ってしまい、あとで後悔する」

「ダイエットのために甘いものを我慢しているけれど、誘惑に負けそうになる」

「勉強しなくてはと思っていても、ついネットサーフィンしてしまう」「浮気はいけないことだとわかっているのに、なぜかやめられない」など、自分の「誘惑に負けそうになる心」「ついサボりたくなる心」「ヨコシマな心」に、あなたも手を焼いていないでしょうか。

つまり、私たちは日々、**「自分とのちょっとした心理戦」**にも対処していく必要があるわけです。心理戦がうまくない人は、たいてい「自滅」してしまっています。だから、まずは「自分の心」を制することが大切。というわけで、この本では「自分の心とのつきあい方」について、多めにページを割いています。

心理学者として、日々、人間心理をめぐる質問や相談をいくつもお受けしている私は、「心理戦のやり方」を知らずに損をしている人が多いな、と思っていました。

本書をしっかり読んで実践していただければ、きっと、

「なあんだ、こうすれば心理戦がうまい人になるのか」

「押しの弱い自分から抜け出す方法がわかった！」

「もう、あの人にマウンティングされてイヤな思いをすることもないな」

「人に言い負かされずにすむ」

「誘惑に負けて落ち込むこともなくなる」

と実感することでしょう。


ぜひ、最後までおつきあいください。

決して、時間のムダにはならないと思います。

内藤　誼人

もくじ

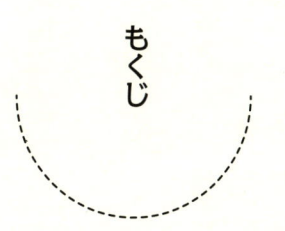

1章

何があっても「受け流して」いく

……その場の「感情」に振り回されない人

2章

いちいち「落ち込まない」
……「イヤな気分」から素早く立ち直れる人

3章

つい「誘惑に負けてしまう」がなくなるヒント

……ストレス知らずでヒラリとかわせる人

4章 「世渡り」がうまくなる方法
……「相手のことを考えた対応」ができる人

5章

「人の気持ちを動かす」にも、コツがある

……こんな「駆け引き」を楽しめる人

6章

気づいたら、すべてがうまく回りだす

……この「心理術」を上手に使いこなす人

イラストレーション◎　まつおかたかこ

1章

何があっても「受け流して」いく

……その場の「感情」に振り回されない人

スキップ

この「涼しい顔」が相手に呑まれないコツ

「フェイシャル・フィードバック効果」という心理学の用語があります。

「フェイシャル」とは「顔」のことで、私たちの感情は、そのときどきの表情から引き出される（フィードバックされる）、というもの。

簡単に言うと、私たちの心は、自分がどんな表情をしているかによって影響を受ける、ということです。

この原理を知っていると、**ものすごく緊張するような場面でも、まったく問題なくやりすごせる**ようになります。

★心は揺れていても「落ち着いて」見える人

大勢の人の前で発表をする、初対面の人に自己紹介する、好きな人をデートに誘いたいなど、日常生活では「緊張する場面」って、けっこう多いんですよね。

そんな場面では、とにかくまず**「涼しい顔」をつくる**こと。

鏡を見ながら、

「私は、なんとも思ってないし」

「僕は、全然平気だよ」

という涼しい顔をつくってみてください。

そして、その顔をしばらくキープ。そうですね、30秒から1分くらいでよいでしょうか。

たったこれだけで、心が落ち着き、緊張も不安も動揺も、どこかに吹き飛んでしまいます。

すると相手にも「お！　この人、いい感じの人だな。落ち着いているな」と思ってもらえます。

ドイツのマンハイム大学のフリッツ・シュトラックは、私たちの心が「表情によって決まる」ことを実証しています。

不愉快なことがなくとも、不機嫌な顔をしていると、なんだかイライラしてきてしまいますし、楽しいことなど何もなくとも、ニコニコと笑顔をつくっていると、次第に朗《ほが》らかな気持ちになることをシュトラックは実験によって確認しています。

心が動揺しているときには、どうしても「不安そうな顔」になってしまいますが、まずそれをやめましょう。むしろ、わざと「涼しい顔」をつくってみるのです。

そうすれば、心も次第に落ち着いてくるでしょう。

★「心臓に毛が生えている」武豊のプレッシャー克服法

日本中央競馬会（JRA）のリーディングジョッキー（シーズンの勝利数が一番多い騎手）を18回（歴代最多）も獲得している**武豊《たけゆたか》さんも、実は、この心理テクニックを使っている**ようです。

武豊さんは、一時期、あまりにも強すぎて「武豊の心臓には毛が生えている」と言われていましたが、ご本人によると、とんでもない話だそうで、いつも「押しつぶされそうな重圧」を感じているとのこと。

とはいえ、プレッシャーを感じて、ガチガチに緊張していることをライバルのジョッキーたちに悟られることは、勝負の行方に影響します。

ですから、あえてプレッシャーを感じていないように見せかけ、涼しい顔をつくっているだけとのこと（武豊著『勝負師の極意』双葉社）。

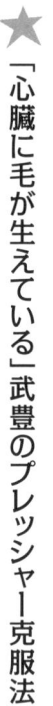

人間なら、だれだって不安や緊張を感じるのが、当たり前。

けれども、そんなときにも「涼しい顔をつくろう！」という、心理戦のテクニックを使えば、「平常心」を保つことはできますし、プレッシャーをはねかえすこともできます。

★「しかめっ面」をしていると感情の奴隷に!?

ちなみに、ネガティブな気分をスッキリさせたいときも「フェイシャル・フィードバック効果」は使えます。

つまり、**イヤなことがあって気分が落ち込んでいるときほど「できるだけ明るい顔をする」**のです。

目じりを下げ、歯をのぞかせてにっこりとスマイル。そして、その状態を1分間キープすると、

「あれあれ、なんだかいい気分になってきちゃった!!」

という心の変化を感じとることができるはずです。

米国イリノイ大学のマヤ・タミールは、**「私たちの心は表情の操り人形《あやつ》」**という、とてもユニークなタイトルの論文を発表しています。

タミールは、3つの「自然の風景」のポスターを評価してもらう実験をしました。滝や海に浮かぶボートなどのポスターです。

ただし、ポスターを評価してもらう前に、あるグループには1分間、口角を上げて笑顔をつくってもらいました。

すると、このグループからは、「とてもステキなポスター!」「美しい色使いが素晴らしい!」など、ポジティブな感想ばかりが出たのです。

たとえ「つくり笑顔」であっても、笑顔でいると私たちの心はどんな対象にもポジティブになってしまうことが科学的に明らかにされたわけです。

また、タミールは、別のグループに1分間、しかめっ面(両眉《まゆ》に力を込めてくっつけるようにする)をつくらせてからポスターを見せたのですが、こちらのグループでは、ネガティブな感想ばかりが出されました。

笑顔をつくっていれば、心もハッピー。
不愉快な顔をしていたら、心も不愉快に。

タミールの実験は、まさしく「フェイシャル・フィードバック効果」の効きめを示しています。

「ボイス・フィードバック効果」で気分を上げる

実は、「フェイシャル・フィードバック効果」の原理は、表情だけではなく、「声」にも当てはまります。

これは、**「ボイス・フィードバック効果」**とも呼べるでしょう。

楽しそうな声を出すように意識していれば、気持ちのほうもそれに引っ張られて、なんだか楽しくなってくるのです。

オランダのアムステルダム大学のスカイラー・ホークは、プロの俳優に、幸福を感じているとき、悲しみにひたっているとき、怒りを感じているとき、不機嫌な気持ちのときの、それぞれを演技してもらい、その声を録音しました。

そして、その声を40名の女子大学生に聞かせ、「できるだけ声を真似て、同じセリフを復唱してみてください」とお願いしたのです。

すると、俳優を真似て、**幸福な声を出そうとすると、女子大学生たちはみな楽しい気持ちになる**ことがわかりました。同様に、不機嫌な声を出そうとすると、不機嫌な気持ちになり、悲しい声を真似しようとすると、悲しい感情が引き出されることもわかったのです。

★「物おじしてしまう自分」をやっつけるには

私たちの心は、表情だけでなく、自分が出している声にも影響を受けるといえるでしょう。

「なんだか元気が出てこないな」

「私は、どうもやる気のない人間だと思われているようだな」

そういう自覚があるのなら、心の持ち方や性格を変えようとするのではなく、まずは声を変えてみてください。

家族や同僚、友だち、知り合いなど、会う人すべてに、大きな声でハキハキと挨拶《あいさつ》をすれば、前向きな気分になってきますし、**だれに対しても物おじすることがなくなる**でしょう。

居酒屋などでは、オープン前に、従業員を集めて全員で声を合わせ、「いらっしゃいませ！」という挨拶の練習をしているところがあります。そういう**声出しのリハーサルは、心理学的にいうと、ものすごく効果的**です。

なぜなら、お客さんは、元気がよく、愛想のいい店員が大好きですし、元気な声を出していれば、自然と元気が湧いてくるからです。

ちなみに、食事をするときには、味がちょっとイマイチだなと感じても、「おいしい！」「おいしい！」と声に出しながら食べると、どんな食べ物でも、おいしく食べられます。

私たちの心は、口にしている言葉からも、心理的に影響を受けるからです。ぜひお試しください。

「落ち込むがまま」に心を放置しない

私たちの心は、自分の動作によっても変わってきます。

スキップをするなどして**軽快に跳びはねていると、なぜか心も躍ってきます。**

反対に、足を引きずるように、重たい足どりで歩いていると、心も落ち込んでくるものです。

ドイツのケルン大学のトーマス・マスウェイラーは、ライフベストをつけて、4つの錘《おもり》を両手首、両足首につけて部屋の中を歩かせると、気持ちも落ち込みがちになることを明らかにしています。

動作が重苦しくなると、心もシンクロして重苦しくなってしまうのですね。

★「気分が重いとき」ほど、動きは軽快に

たとえ落ち込むようなことなど何もなくとも、タラタラ、トボトボと歩いていれば、気分が滅入《めい》ってきます。

逆に、**体が重く感じるとか、あまり元気が出ないときにも、あえて軽快な足どりで歩くようにしていれば、そのうち心のほうも弾《はず》んでくる**ものです。

ちょっと苦手な相手と会うとき、これからは軽快な足どりで出かけてみましょう。

「仕事だから仕方ないけど、あの人に会うのは、イヤだなあ」

などと思っていると、どうしても足取りが重くなりますが、それでは、気分はますます滅入るばかり。しかも陰気な人は敬遠されますから、ますます相手に疎《うと》

まれ、まとまる話もまとまらなくなってしまいます。

軽い足どりで、颯爽《さっそう》と歩いていれば、心も晴れやかになっていきますし、そういう状態で会いに行ったほうが、相手に好ましい印象を与えるでしょうから、話もうまくまとまるはず。

体がダルいからと元気のない動作をしていると、ますます元気がなくなってしまいます。「ちょっと頭が重いな」と思っても、元気に振る舞うこと。それができる人は、自分との心理戦を何なく制することができるのですね。

ちなみに、**伊達政宗**《だてまさむね》は、どんなにひどい風邪をひいても、横にならないことで有名でした。柱に背をもたせかけて座っていたそうです。性格的にひねくれていたのかもしれませんし、大変な強がりだったのかもしれません。

ですが、さすが「独眼竜《どくがんりゅう》」の異名をとった男、心理学的には、これは悪い作戦ではなかったといえるでしょうね。

「具合が悪くなさそうな姿」を見せるようにしていれば、「自分は大丈夫」と自分自身に暗示をかけることになりますし、家臣たちにも〝胆力《たんりょく》〟を見せつけることができたでしょうから。

もちろん、本当に具合が悪いときは、読者のみなさんはしっかり養生《ようじょう》してくださいね。

弱気な自分とサヨナラできる「パワーポージング」

心理学で**「パワーポーズ」**とか**「パワーポージング」**と呼ばれる、元気が出てくる姿勢、パワーが出てくる姿勢があります。

それは、どんな姿勢でしょうか。

米国カリフォルニア大学のダナ・カーニーによれば、**両足を開いてしっかりと立ち、両手を大きく広げるポーズ**がそれです。

『ドラゴンボール』というマンガでは、主人公の孫悟空《そんごくう》が、みんなから少しずつ元気を分けてもらう「元気玉」という技があります。その技を使うときのポーズがまさしくパワーポーズです。

ちょっとわかりにくい説明かと思いますが（笑）、ぜひネットで調べてみてください。

カーニーは、このポーズを1分間続けると、**テストステロンの値**が上昇することを突き止めています。

また、このポーズをとったあとにギャンブルをさせると、86・36%が強気な選択を行ないました。

逆に、「元気が出てこなくなる姿勢」というのもあって、カーニーは、両手を膝《ひざ》の間に挟《はさ》んで座るような姿勢とか、両腕を胴に巻きつけるような姿勢を挙げています。

こういう姿勢をとると、テストステロンは分泌《ぶんぴつ》されず、強気になることもなくて、ギャンブルで強気な選択をする人は60%になってしまいました。

★「さあ、やるか!」の気分はつくれます

元気が出てこないときには、パワーポーズをとりましょう。両手を上に上げてバンザイの姿勢をとっていれば、テストステロンがどんどん分泌されてきます。やる気も、元気も湧いてくるはずです。もちろん、一瞬、手を上げただけではダメですよ。カーニーの実験では、1分間両手を上げてもらっているので、やはり1分間くらいは継続してみてください。

私は、講演会でお話をするときのルーティーンとして、講演会が始まる直前には、トイレの個室に入って、両手を上げています。講演会前には、とても緊張しているのですが、このポーズをとっていると、ふつふつとやる気が湧いてきて、「さあ、やるか!」という気持ちになれるのです。

そして、パワーポーズをとったあとは、できるだけ颯爽とした歩き方を心がけ

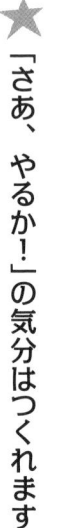

ます。

こうやって**「重ね技」を使う**と、さらに効果がアップするような気がします。

ぜひ、読者のみなさんもお試しください。

パワーポーズは、どこでもできますし、特別な道具などはいりません。ただし、両手を上げていると周囲の人に驚かれるかもしれないので、トイレの個室や非常階段など、周囲にだれもいないところで実践することをおススメします。

苦手な相手が「そんなに気にならなくなる」方法

嫌いな人に会わなければいけないのは、本当にストレスですよね。

けれども、そういう気持ちをできるだけ小さくすること、つまり、「まあ、そんなに好きでもないけど、嫌いでもないか」というレベルにすることは不可能ではありません。

その方法とは、嫌いな人に会っている最中に、テーブルの下などで**こっそりと親指を立てておくこと**。

まあ、テーブルの上でやってもかまわないのですが、ずっと親指を立てていると相手に不審に思われてしまいますから、その場合は適当にタイミングをはかりながら、親指を立ててみてください。

私たちの心は、姿勢やポーズから影響を受けると書いてきましたが、人に対する嫌悪感や好意も、どんな姿勢をとるかによって変わってくるのです。

親指を立てるポーズは、「いいね！」のサイン。

したがって、親指を立てていると、「この人も、そんなに悪くないかな」という気持ちが引き出されてくるのです。

「本当かなあ？　いいかげんなことを言ってるんじゃないの？」なんて声が聞こえてきそうですが、この方法は、専門雑誌にも発表されている、正真正銘、間違いなく効果的なやり方なんですよ。

★親指を立てて「いいね！」ポーズをつくるだけで……

米国ミシガン大学のジェシー・チャンドラーは、指を立てることが相手に対する感情にどのような影響を与えるのかを調べました。

「ドナルド」という男性の一日の生活についての文章を読ませて、ドナルドについての印象を聞いたのです。

ただし、その文章を読ませるとき、あるグループには、「親指を立てたまま」(「いいね！」のサイン)読むように指示しました。

また別のグループには、「中指を立てたまま」(侮辱のサイン。洋画や海外ドラマなどで見たことがあると思います)読ませたのです。

どちらのグループにも、文章を読み終えたところでドナルドにどれくらい好感を持ったか、10点満点で点数をつけてもらいました。すると、親指を立てたグループは4・92点、中指を立てたグループは3・89点となりました。

ドナルドについて書かれている内容は同じなのに、親指を立てていると、ドナルドへの**好感が高まること**が確認されたのです。

嫌いな人に会うときには、この実験で示されているように、親指を立てておけばいいのです。

要するに**好意のサインをつくればいい**のですから、人差し指と親指の先をくっつけて輪をつくる、「OK！」のサインにするのもいいかもしれません。

「ムカつく～!」の感情に押し流されない

「なんで、あの人って、ああいうふうなの?」

だれかの言動にイラッとしたり、ムカッときたりすることはあるものです。

そんなとき、その場にとどまったままでは、私たちの心は、なかなかリフレッシュできません。ですから、気分を変える一番の方法は、とにかく**「場を変える」**ことです。

「あいつ、ムカつく!」などといった感情の激流に押し流されて、だれかに自分の心を左右されてはなりません。そんなときは、いったん、その場から離れてください。

その場にとどまっているから、気分も同じ状態のままになるのです。

場所を変えさえすれば、気分も変わりますよ。

★「その場を離れる」だけで気持ちリフレッシュ

米国フロリダ大学のジーン・ドナルドソンは、子どもを対象にした実験で、「場を変える」というテクニックが、大変有効であることを確認しています。

だいたい小さな子どもというのは、モノを投げたり、他の子を突き飛ばしたりと、乱暴な行動をとりがち。そこで、ドナルドソンは、子どもがちょっといけないことをしはじめたら、すぐに教室の角《すみ》にあるカーペットの上に連れて行ったのです。

すると、それまで暴れていた子どもも、落ち着きを取り戻しました。

「やめなさい！」「静かにしなさい！」「きちんとイスに座りなさい！」などと怒

鳴らずとも、ただ**子どもをしばらくその場から離すだけで、子どもの心は平静を取り戻した**のです。

将棋の対局を見ていると、「長考」に入った棋士が席を立つことがあります。次の一手が決まらずに、極度の緊張が長時間にわたってつづくと、よい判断もできません。そんなとき棋士は、席を立つわけですが、これは心理学的に見ても、非常によいやり方です。その場にずっととどまって、うんうん唸《うな》りながら考えたとしても、よい判断ができるとは限らないからです。

席を離れて気分がリフレッシュされれば、心も落ち着き、優れた妙手《みょうしゅ》を思いつきやすくなるのです。

不快な感情に自分を乗っ取られそうになったら、とにかく場を変えましょう。隣の部屋に行くだけでもいいですし、洗面所に行って手や顔を洗うだけでもいいのです。

図書館で勉強していて煮つまってきたら、2階から3階に移動する、日の当たる机から当たらない机に移動するなどしてもいいでしょう。

とにかく、「その場を離れる」ことができればいいのです。たったそれだけでも、自分との心理戦を制することができるのです。

「気分のリバウンド」を防ぐには

休日というのは、仕事から解放されて、「休む日」ですよね。

けれども、私は休日でも仕事をしています。もちろん、平日のようにバリバリとはやりません。やるにしても「せいぜい1、2時間」。

けれども、この**ちょっとした仕事**が、とても重要なのです。

休日だからといって、完全に仕事から離れてしまうと、どうなるでしょうか。

たいていの人は、調子がくるってしまいます。すると、月曜からの仕事が、「ものすごくしんどいな」と感じられてしまうのです。

こう書くと「せめて休日くらいは、気をゆるめたい」という声が聞こえてきそうです。もちろん、気はゆるめてもいいのです。

ですが、あえて30分、あるいは1時間ほど仕事をする、あるいは仕事に関連する本に目を通したりすることで、「完全に」気をゆるめないようにするのです。

自分との心理戦に弱くブルーマンデーになりやすい人はたいてい、「休日は完全オフ」にしてしまっているのではないでしょうか。

それでは、月曜日にリバウンドがきて、「ああ、仕事をするのはもうイヤだ……」となります。

ところが日曜日に、ちょっぴりでも仕事をしていれば、月曜日に「気分のリバウンド」は起こりにくくなるのです。

★「浮かれすぎる」のも、ほどほどに

カナダのブリティッシュ・コロンビア大学のジョン・ヘリウェルは、50万人以

上の人たちの気分の変化を、曜日ごとに調べてみました。すると、だれでも日曜日には、楽しい気分になることがわかりました。

ヘリウェルは、これを**「ウィークエンド効果」**と名づけているのですが、日曜日になると、人はみな嬉《うれ》しくなって気分が高揚するのですね。

もちろん、気分が高揚するのはよいことですが、ついつい浮かれすぎてしまうのが人間の悪いところ。月曜からの仕事のことも考えて「高揚しすぎない」ように、日曜日にもしっかりと手綱《たづな》を引き締めておくことも大切なのではないでしょうか。

プロのバレエ・ダンサーは、1日でも練習を休むと、元に戻すのに2日かかるという話を聞いたことがあります。だから、休みの日にも、ほんの少しだけ練習はするそうです。

プロのダンサーに限らず、どんな職種の人でも、似たようなところはあるのではないでしょうか。

「集中力」が乱されそうになったら

スポーツの世界では、ライバルを蹴落とすために、あの手この手の心理的な駆け引き、すなわち心理戦が行なわれます。

たとえば、テニスの1999年、全仏オープンの決勝戦において、マルチナ・ヒンギス選手は、審判の判定にいちゃもんをつけたり、5分半のトイレ休憩を要求したりすることで、対戦相手のシュテフィ・グラフ選手の集中力を乱れさせました。

なんだか「汚いやり方」のようにも思えますが、**プロの世界は「勝ってナン**

ボ」ですから、ヒンギスのやり方が絶対に悪いとは言えません（ただし、試合はシュテフィ・グラフが制しました）。

２０１２年のロンドン五輪では、ハンマー投げの室伏広治《むろふしこうじ》選手は、銅メダルでした。銅メダルでも十分に素晴らしい成績ではありますが、室伏選手は、本来なら、金メダルをとれるほどに調子がよかったのです。

では、なぜ、銅メダルに終わったのでしょうか。その理由は、直前の選手が、ハンマーを金網に思いきりぶつけてしまって、その修理で20分間も待たされることになったから。

室伏選手は、想定外の20分の遅延によって、集中力を乱されてしまったのです。もちろん、直前の選手は、故意にそんなことをしたわけではないのでしょうが。

★雑音が気にならなくなる「ゲーティング」法

ビジネスでの交渉でも似たようなことはあるのではないでしょうか。

こちらがどんな要求を出しても、のらりくらりとはぐらかされたり、無関係な世間話などをされたり。これでは、集中力を乱されてしまいます。結果として、ものすごく悪い条件で交渉をまとめさせられてしまう、なんてこともあるでしょう。

あとになって、歯がみをするようなことになるわけですが、心理戦に負けた自分、つまり**集中力を乱された自分が悪い**のです。

では、どうすれば集中力を切らさずにいられるのでしょうか。

その役に立つのが**「ゲーティング」**と呼ばれるテクニック。

ゲーティングというのは、英語の「ゲート」（門）に由来する用語で、文字通り**「門を閉ざしてしまう」**という意味です。

テニスやゴルフの試合などでは、観客の応援が気になったり、他の選手の雑音が気になったりするときに、このテクニックが使われます。具体的には、自分のボールやラケットに話しかけることで、そちらに意識を集中させ、他の雑音には耳を貸さないようにするのです。

　プロ野球の桑田《くわた》真《ま》澄《すみ》選手も、現役時代には、マウンド上でボールに向かってぶつぶつと話しかけたりしていましたが、あれも立派なゲーティング。

　集中力が乱されそうになったら、とにかく自分の持ち物に向かって、話しかけるのです。

　ファイルでも、ボールペンでも、自分のかけているメガネでも、何でもかまいません。声を出したり、口を動かしたりしていると、相手に不審に思われそうなら、心の中で話しかけましょう。

　人前でプレゼンをするときにも、ホワイトボードやスライドなどに向かって、「大丈夫、大丈夫、私は落ち着いている」などと話しかけることでゲートを閉じ、自分一人の空間にいるようにしてしまえば、目の前に大勢の人がいても気にならなくなります。

Column

人って、どんなことにも「慣れる」ものです

みなさんは、何か問題を抱えていたら、どうしますか。

おそらくは、その問題を解決するために、あれこれ努力をすることでしょう。

ですが、**あえて「問題を解決しない」という方法**があることも覚えておいてください。

問題を解決しようと躍起になるのではなく、しばらく放っておく。それも、立派な心理戦のひとつです。

どんなに不快な環境でも、人間はそのうち、それに慣れます。

ポルトガルの社会教育調査センターのマリア・リマは、これを**「慣れの効果」**

と呼びました。

たとえば、豚小屋のそばに住んでいる人は、その匂いがひどく気になるかもしれません。線路脇のアパートに住んでいる人は、騒音や建物の揺れが気になるかもしれません。

けれども、住みはじめてしばらくすると、匂いも騒音もあまり気にならなくなります。なぜなら、人間は「慣れる」からです。人間は、どんな環境にも、慣れることができるのです。

慣れてしまうと「まあ、どうでもいい」と思えてくる

マリア・リマは、ゴミ焼却炉が建設された付近の住民906名の心の変化を、5年間にわたって追跡調査しました。

大半の人は、最初こそゴミ焼却炉から出る匂いとか、潜在的な危険性など、いろいろな不安を持っていました。しかし、5年も経てば、それなりに慣れてしま

うことが明らかになったのです。

D・レイノルズの著した『悩みを活かす』（創元社）という本の中に、使徒パウロのこんな教えが書かれています。

「問題そのものをなくすことはできない。ただ、人間はどんな環境にも適応する術《すべ》を学ぶことができる」

実際、パウロはどんな環境にも自分を巧みに適応させ、布教に努めたそうです。

さすがパウロ。「異邦人の使徒」と呼ばれ、キリスト教を世界宗教へと飛躍させた最大の功労者だけあって、心理戦を制するのもお手のものだったことでしょう。

「上司とウマが合わない！」といって、いちいち内心でムカついているのは得策ではありません。

というか、その時点で心理戦に「負け」ています。

どんなにイヤな上司でも、そのうちに慣れるかもしれませんし、その可能性はとても高いと自分に言い聞かせ、大らかにかまえましょう。

嫌いな人を、好きになることは難しいかもしれませんが、慣れることはできます。

そして**慣れてしまえば、「まあ、どうでもいい」と思えるようになる**ものです。

2章

いちいち「落ち込まない」

……「イヤな気分」から素早く立ち直れる人

だっ

「全体的に見ると、どうかな？」と考えてみる

心理戦に負けないために大切なことのひとつに、**客観的な視点、統計的な視点を持つこと**が挙げられます。

「全体の中での自分の位置」を客観的に見てみると、「まあ、自分も捨てたもんじゃない」と思えることは多いものです。

たとえば、

「なんで僕はこんなに無能なんだろう」

「どうして私は仕事ができないんだろう」

こんな悩みを持つ人は多いと思います。

たしかに仕事がバリバリできる人が近くにいたりすると、落ち込むことが多くなるかもしれませんが、ここで知っておいてほしい法則があります。

★「パレートの法則」を知ると気が楽になる

それは**「パレートの法則」**。どんな業種の、どんな職場をとってみても、本当にお金を稼ぎ出す仕事をしている超優秀な人は、せいぜい2割で、残りの8割の人たちはたいして仕事ができない、というものです。

仮にみなさんが「仕事があまりできない人」だとしても、そちらのほうがマジョリティ。ですから、がっくりと肩を落とす必要はなく、「ああ、私って普通なんだな」と考えればいいのです。

私自身の話をしますと、私は本を書いて生活をしておりますが、10冊の本を出していただいて、その中で版を重ねることができるのは、せいぜい1冊か2冊。ですから、私も、以前はずいぶんと悩みました。野球でいえば、打率がわずか1割から2割なのですから。

けれどもあるとき、ふと思い立って、インターネットで「重版率」というものを調べてみたのです。書籍は、年間におよそ7万冊から8万冊も発刊されているのですが、そのうちどれくらいの本が重版しているのかというと、大手の出版社でも「せいぜい1割」だとわかりました。

なんのことはない、私の打率1割から2割というのは、「ごく普通」の数字だったのです。これを知ってからは、私の心はすっかり晴れやかになりました。

★「まあ、これくらい普通かも」と思えたらOK

心理戦において、**「負け戦《いくさ》は決定」ともいえるメンタル**で生きている人は少なくありませんが、「考え方」を変えるだけで、消える悩みは多いもの。

もし今、何か悩みを抱いて悶々《もんもん》としているのなら、**「これって、人間なら普通のことなのでは？」**と疑ってみてください。

そして、その悩みについて調査し、客観的な統計や数字を探してみるのです。

そうすれば、「なあんだ、自分って、十分に平均点じゃん」と気づけることも多いはずです。

たとえば、営業職の人でしたら、なかなか成約できなくて悩んでいるときに、「営業マンで成功するのは100人中、1人か2人」といった統計を見つけるかもしれません。「成功できる人は1％」と思えば、自分の営業成績がふるわなくても、極度に落ち込むことはないでしょう。

悩んでいることがあれば、「他の人はどうなのかな？」と考えてみること。自分と同じような悩みを持っている人は、世の中にはいくらでもいることがわかりますし、それがわかるだけでも、安心できるものですよ。

自分の「欲」とは、かしこくおつきあい

「お金さえあれば、もっと幸せになれるのに」

「私が不幸せなのは、給料が安すぎるからだ」

もしそんなことを考えて、毎日を鬱《うつ》々とした気分で暮らしているのであれば、あなたは自分との心理戦に完敗しています。

たしかにお金がたっぷりあれば、やりくりの心配も減るし、好きなモノは何でも買えて、ストレスもなくハッピーな気分かもしれません。

でも実は、たとえ給料が上がらず、現状のままであっても、十分にハッピーに

なれるのです。

「そうはいっても、お金持ちのほうが、実際にはずっと幸せでしょ？」

「お金がなくても幸せになれるなんて、単なる負け惜しみでは？」

そう思われるかもしれませんが、そんなことはありません。心理学の統計からもそれが証明されています。

★すべてを満たそうとしない

米国の南カリフォルニア大学のリチャード・イースターリンは、２６００名以上を対象とする大規模な調査を行なって、「お金持ちが、必ずしも幸福になれるわけではない」という結論を導いています。

なぜか？

それは、「幸福」には**「欲望」**という要因がからんでくるからです。

収入が増えると、それに伴って、ほしいものも増えてきます。

高級車に乗りたい、クルーザーを買いたい、高級住宅地に住みたい……人間の欲には限りがありませんが、それらをすべて満たそうとすれば、いくらお金があっても足りません。

したがって、お金持ちは、いつまでも不満が解消されず、ハッピーにもなれないのだとイースターリンは指摘しています。

そしてイースターリンによれば、収入が少ない人は、ほしいものも安いものばかりですし、そもそも、そんなにほしいものもない、とのこと。つまりは、欲望が小さいわけで、こういう人のほうがハッピーになりやすいというのです。

大切なのは、収入の多寡《たか》ではなく、欲望の大小。

自分がいくら稼いでいるかではなく、どんな欲望を持っているかで、幸不幸が決まってくるのです。もちろん、欲望はできるだけ小さいほうが、幸せでいられます。

ちなみに私は、もともと物欲がほとんどない人間なので、そのぶん幸せです。

高級料亭でおいしいものを食べたいとか、高級外車を乗り回したい、という気持ちがまったくありません。仕事で使う文房具も、たいてい１００円ショップで買ってきたものです。

「なるべく欲を持たないようにする」ことは、不要な心理戦を減らすコツだといえるでしょう。

「他人との比較」でつらい目にあわないために

私たちの幸福感は、「他人との比較」によって大きくなったり小さくなったりします。

仮にあなたの年収が150万円だとしても、友達や、会社の同僚の年収が120万円であれば「自分のほうが30万円も上だ。私はなんて恵まれているんだ」と神さまに感謝したくなるでしょう。

つまり、「自分は他人よりも立場が上」と思えるとき、人は安心感を得て、幸せな気持ちになれます。

換言すると「**まわりの人よりも自分のほうが優れている**」と感じられる状況で**生きたほうが、幸せでいられる**ということです。

これは自分との心理戦を制するときに、とても重要なポイントといえます。

「井の中の蛙《かわず》」という言葉がありますが、たいていはネガティブな意味で使われます。

ですが、ヘタに井戸の外に出れば、自分よりもはるかに大きな存在に出会うことになり、自分が「つまらない存在」に思えてくることもあるはず。そんなことで意気消沈するくらいなら、井戸の中で平和に暮らしていたほうがマシとも言えます。

★「超優秀な子どもばかり集める」と何が起こるか

イスラエルのハイファ大学のモーシェ・ゼイドナーは、才能のある、超優秀な子どもたちばかりを集めて研究を行なったことがあります。

超優秀な子どもたち約1000名のうち、半分は、普通の子どもたちも一緒の授業を受ける「レギュラークラス」に、残りの半分は、才能ある人たちだけを集めた「特別クラス」に入ってもらいました。

この2クラスの子どもたちに、それぞれ自己評価を求めると、とても面白い結果が得られました。

普通の子どもと一緒に授業を受けている子どもは、自己評価がものすごく高かったのです。

なにしろ自分は普通の子たちに比べればはるかに優秀なのですから、**「俺って、すごいじゃん！」**という自己概念が形成されるわけです。

ところが、才能ある人たちだけを集めた特別クラスの子どもは違いました。「自分は頭が悪い」「自分は物覚えが悪い」「試験ではよい点がとれないだろう」といったネガティブな評価が多かったのです。

たしかに、客観的な指標でいえば、それなりに才能があって、優秀ではあるものの、「特別クラス」の中には、さらに上を行く子どもがゴロゴロしているので、自分が優秀だとは思えないのでしょう。

高校進学をするときには、中途半端に背伸びをして、超優秀な進学校に行くよりは、少しランクは落ちても、自分がトップでいられるような学校に進学したほうが、はるかに幸せな高校生活を送れるでしょう。トップでいるのは、とても気持ちがいいですからね。

就職するときもそうです。優秀な人ばかりが集まる超一流企業に就職するよりは、たいして優秀な人のいない企業に就職したほうが、毎日の仕事が気楽にできるかもしれません。

心理戦という視点で見たときに、「井の中の蛙」でいることは、決してダメなことではないのです。むしろ、心理学的にはそちらを選択したほうがプラス、ともいえるかもしれません。

「しんどいな」「凹んじゃうな」に負けないヒント

「しんどいな」「凹《へこ》んじゃうな」と思ったとき、その感情にひたっていると、ますますしんどくなったり、落ち込んだりしてしまいます。

私は先日、全身麻酔をかけての手術を受けました。5日ほどの入院だったのですが、アゴの骨を削ったりしたので、術後はひどく痛みました。

面会に来てくれた母や妻、息子たち、それから、見舞いに来てくれた友人たちも、心配して、「大丈夫？」と声をかけてくれたのですが、私は、

「全然、痛くなんかないよ」

「手術なんて、『なんだ、こんなもんか』って感じだったよ」

と答えていました。


正直なところ、地獄のような痛みがあり、「しんどい……」と内心では思っていました。けれども、「すっごくズキズキして痛いんだよ」とは言いませんでした。

なぜなら、**「つらい」「痛い」と言葉にしていると、さらにつらくなっていくこと**を、心理学者として知っていたからです。

反対に、しんどいとき、苦しいときに、あえてへっちゃらな顔をして、やせ我慢をしていると、その「しんどさ」を感じる時間を短くできるのです。

★「まあ、何とかなる」と思っておく

米国ダートマス大学のジョン・ランツェッタは、男性12名、女性6名に、かな

りの痛みを感じる電気ショックを受けてもらう、という実験に参加してもらいました。

電気ショックによる痛みのレベルは強いものと弱いものがありました。

ランツェッタはまず、参加者たちに、最大の痛みのある電気ショックを受けてもらい、そのときに、「できるだけ自分の痛みを隠すように」と指示しました。

すると、どうでしょう。

参加者は、「たいして痛くなかった」と答え、しかも電気ショックを受けたときの生理反応を調べてみると、受ける前と後で、変化はとても小さかったのです。

「やせ我慢するように」と指示されると、痛みを感じる度合いも小さくできたのです。

次にランツェッタは、ものすごく弱いレベルの電気ショックを与え、今度は、「痛くなくとも大げさに痛がってください」と指示しました。すると、本当に痛みが大きくなってしまうことがわかったのです。

やせ我慢をしていると、「しんどいこと」も、あまり「しんどい」と感じなくなるのですね。

ですから、自分の心との心理戦を制したいときには、「しんどいな」と感じるときにも、「疲れた」「もうダメだ」などと口にしないこと。代わりに、

「まあ、何とかなる」

「まだ余裕」

と口にして、余裕のある顔を崩さないようにしましょう。

そのほうが、「しんどいな」と思う時間を短くできますから。

あらかじめ「覚悟」している人は、つよい

「つらいこと」に直面しているとき、逃げずにその課題に取り組めるか、それとも投げ出してしまうか――。まさに、私たちが日々、向き合っている自分との心理戦でしょう。

私たちは、どんなにつらいことでも、**あらかじめ覚悟を決めておく**と、それなりに受け入れることができ、自分との心理戦に負けずにいられるようです。

たとえば、「社会人になったら、地獄のように厳しい訓練を課されるぞ」とあらかじめ言われていれば、どんなにつらい訓練にもそれなりに耐えられるようにな

るのです。

米国サザン・イリノイ大学のジョエル・フォックスマンは、2つの作業のうち、どちらかを選ばせ、実際にやってもらうという実験をしました。その2つの作業とは、次のようなものです。

A　いくつかの重さの違う封筒を手に持って、その重さを比較する

B　毛虫（食用できる）を3匹食べる

読者のみなさんは、どちらをやりたいですか。

おそらくは、Aのほうを選ぶのではないでしょうか。不気味な毛虫を3匹も食べなければならないBの作業は、とてもハードルが高くて、選ぶ気にならないのではないかと思います。

フォックスマンが15人の女性のグループにどちらかの作業の選択をさせると、

13人がAを選びました（Bを選んだ人が2人もいることに、逆に驚いてしまいますが）。

★「想定内のこと」は耐えられる

フォックスマンは、別の15人の女性のグループには、選択の余地を与えず、「みなさんには10分後に、毛虫を3匹食べてもらいます」と告げました。

女性たちは、**毛虫を食べさせられることを覚悟**しました。

実験に参加した以上、そういう経験をするのもしかたない、と諦《あきら》めるしかなかったのでしょう。

けれども、10分が経ったとき、

「ちょっと調べてみたら、もうデータは十分にそろっていましたよ。ですから、みなさんには、毛虫を食べてもらってもいいですし、封筒の重さをはかる作業をしてもらうのでもけっこうです」

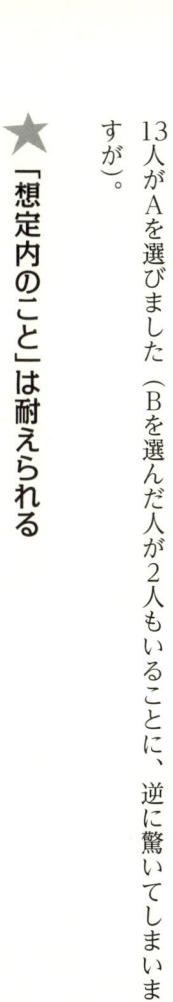

と切り出したのです。

すると、びっくりするようなことが起きました。「封筒の重さをはかる作業でもいい」と言っているにもかかわらず、そちらを選んだのは、たったの3人。**15人中12人は、毛虫を食べることを選んだ**のです。

私たちは、いったん覚悟を決めると、仮にネガティブな事態を避けようと思えば避けられることになったとしても、あえて避けようとはしないのです。

悪い出来事を想定するのは、悪いことではありません。

それだけ覚悟が決まりますし、その出来事を受け入れやすくなります。

上司に企画書を提出するときには、「ひどいことをたくさん言われるぞ」とあらかじめ思っていれば、辛辣《しんらつ》なコメントをされても、そんなに傷つきませんし、「指摘されたところを修正して、また提案してみよう」という前向きな気持ちになります。

いちいち「落ち込まない自分」になる方法

「若いうちの苦労は、買ってでもしたほうがいい」といわれます。

たしかに、「自分との心理戦に負けない」という意味でも、これは当たっています。

なぜかというと、若いうちにたっぷり苦労をしておくと、耐性がついて、その後に何か**「つらいこと」があっても、「なんとかなるでしょ」と乗り越えていける**からです。

たとえば就職活動をしていて面接で落とされることは、とても苦痛な経験です。

しかし、何社も面接に落ちていると、そのうち「落ちること」に慣れっこになっていきます。すると、気持ちが吹っ切れていちいち落ち込まなくなり、堂々とした態度を保てるようになるといいます。

恋愛でもそうで、人生で初めての失恋を経験したときには、とても苦しい思いをします。でも何度も恋愛と失恋をくり返しているうちに、そこまで傷つかなくなるのです。

つらい経験をしておくことは、決してマイナスにはなりません。「耐性がつく」という点では、むしろプラスなのです。

★「つらい経験」は心を磨いてくれる

米国クラーク大学のロナルド・コマーは、つらい経験をすると、その後に別のつらいことがあっても、こたえないことを実験的に確認しています。

コマーは、食用できる虫を頑張って食べることができた人は、そのあとで、強い電気ショックを受けなければならない実験が追加で求められたときにも、喜んで参加してくれることを確認しました。

「虫を食べることに比べたら、電気ショックなんて、軽い、軽い！」という気持ちになったのです。

仮に、最初に就職した会社が、ものすごく社員をこき使う、大変なブラック企業だったとしても、私はそのことをそんなに悪いことだとは思いません。

なぜなら、最低なブラック企業でつらい経験をしておけば、その次に転職した会社が、たとえそんなによい会社でなかったとしても、「まるで天国じゃないか！」と感謝できるようになるからです。

最初のブラック企業で、週に3日も4日も徹夜仕事をさせられていたとしたら、次の会社で月に20時間の残業が求められたとしても、そんなには大変だと思いませんよね。むしろ「拍子抜け」してしまうでしょう。

Column

「やる気が出ない」ときの気分の上げ方

やらなければならないことはいくらでもあるのに、どうしても何もする気が起きないとか、「無気力な状態」に陥《おちい》ってしまうことがあります。自分との心理戦に負けている状態です。

「ああ、どうもやる気が出ない」

「なんにも、する気が起きない」

「このまま、ずっとダラダラしていたい」

そういう困った状態に陥ったときには、**ボクシングやプロレス、ラグビーなど、ちょっと激しい格闘技やスポーツの試合を見に行く**といいかもしれません。

激しいぶつかり合いのある試合を観戦していると、まるで自分がプレイしているかのように体が熱くなり、ふつふつとアドレナリンが湧いてきます。

自分が単なる観客であっても、私たちの脳みそは、まるで自分が試合に参加しているように錯覚します。**試合に出ている選手と、自分自身を同一視**してしまい、興奮してくるのです。

アドレナリンは、人間にやる気を起こさせてくれるホルモン。副腎《ふくじん》から分泌され、体を興奮状態にし、心拍数を増やして血圧を上げ、酸素を大量に吸い込めるように気管を広げる働きをします。

「さあ、やるぞ！」とやる気や元気を出したいのなら、アドレナリンをどんどん分泌させればよく、それにうってつけなのが格闘技などの観戦なわけです。

米国テンプル大学のジェフリー・ゴールドスタインは、アメリカンフットボールの試合を見にきた観客を調べて、試合を観戦すると興奮してくることを明らかにしています。

アメリカンフットボールは、激しいぶつかり合いが魅力のスポーツですが、そういう試合を観戦していると、だれでもアドレナリンが分泌されて、体が熱くなってくるのです。

ちなみに、ゴールドスタインは、体操競技会の観客についても調べてみましたが、こちらではアドレナリンの高まりは確認できませんでした。体操は、得点を争う競技ですが、直接に相手とぶつかり合ったりはしないので、興奮の度合いは小さいのかもしれません。

タイトルを忘れてしまったのですが、あるときビジネス書を読んでいたら、**「元気が出ないときには、映画の『ロッキー』シリーズを見ると、やる気が出てくる」**

といったアドバイスが書かれていました。これは心理学的にいっても、間違いではありません。試合観戦にお金をかけたくないのであれば、そうした映画を観るのも、やる気を引き出す上では効果があるでしょう。

3章

つい「誘惑に負けてしまう」がなくなるヒント

……ストレス知らずでヒラリとかわせる人

うまー
♪
うまー
さいこー

とにかく「視界に入れない」

自分を「誘惑するもの」があるとしましょう。

ゲームソフトでもいいですし、おいしいチョコレートでも、ブランド品の洋服やバッグでもかまいません。

とにかく何かほしいものがあったとき、どうすれば我慢できるのでしょうか。

「ほしいものを我慢する」というのは、なかなか大変な心理戦です。

大半の人は、おそらく誘惑に屈してしまい、たいていはほしいものを買ってしまうのではないでしょうか。

でも、それは「心が弱い」からではなく、**「誘惑と、どうやって勝負するのか」**を知らないからなのです。

自分を誘惑するものがあったとき、一番の作戦は、そのものを**「視界に入れない」**ようにすることです。誘惑するものが目の前にあったら、ほしい気持ちがどんどん募《つの》ってきますから、それを「見ないようにする」のです。

視界に入ってくるから、「絶対にほしい」と思うのであって、目を背《そむ》けてしまえば、それは「存在しないもの」になります。ですから、できるだけ視界に入れないようにするのがポイントです。

★「目の前のケーキとパイ」の誘惑

現物が目の前にあると、誘惑に抵抗するのは至難の業《わざ》になることを示した実験があります。

カナダのトロント大学のピーター・ハーマンは、ディナーのためにやや高額なフレンチ・レストランにやってきた366人のお客に、こっそりと実験を仕組みました。

食事がすんだところで、お客さまにケーキとパイのデザートを勧めるのですが、半分のお客さまには、現物をトレイに載せて、お客の目の前まで持って行ったのです。

ケーキとパイをしっかり見せた上で「デザートはいかがでしょうか？」と聞くと、注文する人は増えました。誘惑に逆らえなくなったのです。

そして、残り半分のお客さまには、店員がメニュー表だけを持っていき、「デザートはいかがでしょうか？」と尋ねました。すると、デザートを注文する人は現物を目の前に見せたときよりも減りました。目の前に現物がなければ、誘惑を我慢する力もはたらきやすいのですね。

この実験が示唆《しさ》しているのは、**「目の前に現物があると、たいていの人は誘惑**

に負けてしまう」ということです。

ですから、ほしいものがあるときには、なるべくそれが目に入らないようにすること。

ネットで買い物をしているとき、ほしいなと思うものがあったら、いったん他の関係のないサイトに飛んで、別のことに目を向けてください。あるいは、いったんパソコンやスマホの電源を切って、ほしいものから目を背けるのです。

ほしいものが視界に入っていれば、たいていの人は、誘惑に負けます。

小さな子どもが、スーパーやデパートで親に向かって、お菓子やおもちゃを買ってほしいと駄々《だ》をこねている場面に遭遇することがありますが、かしこい親は、すぐに子どもの手を引っ張って、別の売り場に移動します。

商品が目の前にあると、子どもはますますほしくなってしまうので、いったんその場所から引きはがすのですね。これはよいやり方です。

「その道のプロ」の誘いをはね返すには

次に**「つい散財してしまう」**ことについて考えてみましょう。

「私、買い物に出かけると、ついつい衝動買いをしちゃうんですよね。気づいたら似たような洋服をたくさん買っていて、あとで後悔してしまいます」

もし私がそういう相談を受けたら、**「それなら、そういう場所に出かけなければいいんじゃないの？」**と答えるでしょう。

デパートにしろ、スーパーにしろ、コンビニにしろ、相手は、〝モノを買わせるプロ〟。お客の衝動買いを引き出すような「あの手この手」を使ってきます。

商品を魅力的に見せる明るい照明、手にとりやすいワゴンセール、絶妙な値引き、つい気が大きくなってしまうようなＢＧＭなど、それこそ無数のテクニックを駆使して、みなさんの購買意欲を引き出そうとするんですよ。

そして、こちらはというと、完全なるアマ。

プロとアマでは、勝負になるわけがありません。無防備なまま店内を歩いていたら、たっぷりと散財させられるに決まっています。

★つい「気が大きくなって散財」を止めるコツ

本書では、あまり難しいマーケティングや消費者心理学の話をするつもりはありません。

もちろん、詳しく知りたい方はそうした本を読まれるのもいいと思います。

しかし、「つい散財してしまう」「衝動買いをしてしまう」自分との心理戦に負けないためには、**「そもそも買い物に行かない」**ことにするのが一番です。

買い物に行かなければ、当然ながら、お金も使わずにすみます。

オーストラリアにあるエディス・コーワン大学のデビッド・ライダーは、これを**「刺激コントロール法」**と呼んでいます。

つい誘惑されてしまう対象には、そもそも近づかなければいいのです。対象に近づかなければ、心が動くこともありません。

たとえば「株をやりませんか?」「お金儲《もう》けに興味ありませんか?」という電話がかかってきたら、すぐに電話を切りましょう。そもそも、心当たりのない番号の電話には出ないほうがいいのです。

詐欺《さぎ》に引っかかるのは、儲け話という〝刺激〟を耳にするから。刺激から身を遠ざければ、簡単に予防できます。

自分の「意志力」を過信しないこと。それが心理戦に負けない基本なのです。

「うっかり浮気してしまう」のはなぜ？

自分を誘惑してくる場所からは、できるだけ身を遠ざけるというテクニックは、**「浮気予防法」**としても使うことができます。

聖人君子ならいざ知らず、たいていの人は、魅力的な人と一緒にいれば、浮気心だって芽生えてきます。ですから、浮気をしてパートナーを傷つけたくないのであれば、できるだけ異性に近づかないようにするのが、一番なのです。

ニューヨーク州立大学のチャールズ・ピアスは、職場での浮気についての研究をしていますが、どういうときに浮気が発生しやすいかというと、**「近接性」**があるとき。つまりデスクが近くて、おしゃべりしたりする頻度《ひんど》が高くなるほど、浮気が発生していたのです。

★「火のついた恋心」でヤケドする前に

接待を伴う店で、お酒を飲むのが好きな人は、浮気をしやすくなるでしょう。なぜなら、お酒の席では、女性と知り合う機会が増えますし、LINEの交換などすれば、やりとりも増えるからです。

いったん相手を好きになってから、その恋心を我慢するのはとても難しいもの。ですから、最初から恋心が起きないようにするのが一番です。

仕事でそうしたお店に連れて行かれることが多いという人は、一人の女性を指名してずっとおしゃべりすることはせず、どんなに女性に求められてもLINEやメールアドレスの交換はしないなどの予防策をとることをおススメします。

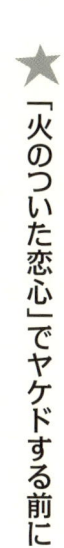

職場も、浮気が発生しやすい場所なので、気をつけましょう。

異性とは2人きりで話をしない、2人だけで飲みに行かないなど、ちょっと気をつけるだけで、「うっかり浮気してしまう」ことは避けられます。

「好きなタイプでもないから、一緒にいても大丈夫だろう」というのは甘い考えです。

好きなタイプであろうがなかろうが、一緒にいる時間が増えれば、相手を好きになってしまうことは避けられません。

そういう「気のゆるみ」には要注意なのです。

既婚者にとっての浮気は家庭崩壊などのリスクを伴いますし、離婚は精神的にとても苦しい経験になります。ですから、「出会いや接点をなくす」ことが心理学的には一番でしょう。

「まあ、いいか」の気のゆるみが……

くり返しますが、デパートやショッピングセンターなどのお店は、モノを買わせるプロ集団。手を替え品を替えて、私たちの「購買意欲」を刺激してくるわけですから、「意志の力」だけで対抗するのは難しいのです。

では、どうすればいいのかといえば、「我慢する」のではなく、「そもそも買えないようにする」のが正解。

そのためのひとつの方法が、**クレジット・カードを財布に入れておかないこと**です。

★気づかないうちに〝お金を巻き上げられている人〟

各種の引き落としのために、クレジット・カードをつくらないわけにはいかないかもしれませんが、つくるにしても1枚で十分。しかも、そのカードは自宅に置いておき、持ち歩かないようにするのです。

クレジット・カードがなければ、当然、持っている現金以上の買い物はできません。

クレジット・カードを持っていたら、どうしても「まあ、いいか」という気持ちになります。つまり、散財することへの抵抗感が薄れるのです。

もともとクレジット・カードは、お金を持っていない人からさえ、お金を巻き上げることができるようにしたシステム。頭がいい人は、そんなことも考えだしてしまうのですから、感心するしかありません。だからこそ、クレジット・カードを持ち歩いてはいけないのです。

「いつでも現金主義」になると、どういうことが起きるのかというと、お金を払うことに大変にシビアになります。「ああ、お金がなくなっちゃうのが、惜しい」という気持ちになり、財布のヒモがしまるのです。これは、だれでもそうなります。

★クレジット・カードを持つと「気が大きくなる」

米国マサチューセッツ工科大学のドレーゼン・プレレックは、大学生にスポーツの試合チケットを手に入れるオークションに参加したとして、いくらなら出せるかを聞いてみました。

そのチケットは、全米プロバスケットボール（ＮＢＡ）のボストン・セルティックスと、マイアミ・ヒートの試合でした。

プレレックはここで、ひとつの操作を加えました。購入申し込み書の片方には、

「現金のみのお支払い」と、もう片方には「クレジット・カードでのお支払い」と書いておいたのです。

その結果、学生が払ってもいいという金額の平均は、現金払いのときには28・51ドル、クレジット・カード払いのときには60・64ドルとなりました。

なんと**クレジット・カード払いのときには、2倍以上もオーバースペンディング（過剰払い）してもかまわない、という気持ち**になっていたのです。


最近では、スマホゲームで「課金地獄」に陥ってしまう人が多いことが社会問題になっています。これは典型的な「心理戦での大敗北」です。そして、なぜ「課金地獄」に陥るのかというと、課金のシステムがクレジット・カード払いだから。現金払いなら、こういうことにはなりません。

クレジット・カードだと、財布のヒモは〝ゆるみっぱなし〟になってしまうので気をつけてください。

「都合のいいお客さん」にならないために

私たちは、いったん契約を結ぶと、その契約をそのまま「放ったらかし」にしてしまうという、よくない傾向があります。なぜなら「面倒くさい」から。

お金の心理戦で負けないためには、契約はこまめに見直すのが正解です。そうしないと、相手の都合のいいように、ムダにお金を巻き上げられつづけてしまうからです。

たとえば、保険料もそうですし、スポーツ・ジムの会費などもそうですね。スマホの契約プランもそうかもしれません。

私たちは、そうしたお金を惰性的に払ってしまうことが多いのですが、よくよく見直してみると、「別のプランのほうが、はるかにオトク」とわかることも、少なくないのです。

★「目先のオトク」に惑わされない

米国カリフォルニア大学バークレー校のステファノ・デラヴィーナは、3つのスポーツ・ジムに会員登録している7000名以上の人たちが、どういうプランで会費を払っているのかを調べてみました。

3つのジムとも、おおよそ次の3つのプランを用意していました。

- 年間ベースでの支払い　年間700ドル
- 月謝ベースでの支払い　月に70ドル
- 1回のご利用ごとの支払い　1回につき12ドル

会員は、たいてい月謝ベースでの支払いを好んで選択していました。では、どれくらいジムに通っているのかというと、平均して月に4・3回でした。だいたい週に1回なので、つまりは、毎回お支払いするコースを選んだほうが、たいていの会員にとっては断然オトクだったのです。

しかも面白いことに、契約更新のときにも、こりずに「月謝ベース」をつづける会員が非常に多いこともわかりました。私たちは、いったん契約すると、それが損をするプランでも変更しないようです。

私たちは、いったん契約すると、なぜか自動的にそれを継続しようとする傾向があることを覚えておきましょう。

お金の引き落としや支払いについては、こまめに見直しをして、余計なお金を払っていないかをチェックすることが、お金をめぐる心理戦で負けないコツなのです。

麻薬よりデンジャラスなもの。それは――

私たちは、麻薬には、手を出さないように気をつけます。

それが、ものすごく危険であることを知っているからです。

「遊び心で麻薬に手を出したりしたら、自分の大切な人生が崩壊してしまうぞ!」

と思うので、たいていの人は手を出しません。

その一方で、**麻薬よりもはるかに有害度の高いもの**があるのに、そちらの危険性については意外に知られていません。

しかも、そちらのほうが、はるかに私たちの身近に存在しているというのに、です。

「えっ、麻薬よりも危険なものがあるの⁉」

そう思ったかもしれません。

実は、そうなのです。麻薬よりも、はるかに中毒性、依存性が高く、しかも社会に対しての有害度も高いものは存在します。

★うっかり手を出す前に……

オランダの健康問題の研究家であるジャン・ファン・アムステルダムは、医師、薬剤師、毒物学者、社会科学者、疫学者《えきがくしゃ》などの専門家を集めて、19の違法薬物に加えてタバコとお酒の有害度のランキングづけをしてもらったことがあります。

中毒性や依存性が高い、慢性化しやすい、生命への危険度が高い、殺人などを引き起こす遠因になるなど、「社会に対しての影響度が高い」ものほど「有害である」と判定されます。

その判定の結果は、1位がクラック・コカイン、2位がヘロイン、となりました。麻薬の中でも特に有害なのは、この2つだといえます。

興味深いのは3位。19の違法薬物についてのランキングを調べるはずだったのに、なんと**3位はタバコ**。そして、**4位がお酒**だったのです。

専門家によれば、タバコとお酒は、LSDやエクスタシーといった麻薬よりも、はるかに有害だというのです。なんとも驚くような結果ではないでしょうか。

私たちは、麻薬には手を出さないように気をつけますが、「タバコくらいならいいじゃん」「お酒くらいは許してよ」と思っているところがあります。

しかし、いろいろな観点から総合して考えると、タバコやお酒の有害度は思っている以上に高いのです。ちなみに、専門家によって一番、有害度が低いとされたのは、マジック・マッシュルームでした。

「お酒くらいは……」と思う人もいると思うのですが、酔っ払うと乱暴になったり、公共物を破壊したりする人も少なくありません。電車の中で、他の人にからんで迷惑をかける人もいるでしょう。しかも、アルコールは依存性も高いのです。

タバコやお酒をやっている人は少なくないと思いますが、タバコもお酒も十分に有害なのだ、と心得ておいてください。

くれぐれも**お酒やタバコとの心理戦に負けて人生を台なしにしない**ように。

そもそもタバコもお酒も、他の人に勧められたからといって、軽い気持ちで手を出したりしないほうがいいのかもしれませんね。いったん手を出すと、やめるのにものすごく苦労しますから。

「新しいことにチャレンジしている人」は太らない

ダイエットほど「自分との心理戦」を強《し》いられるものはないかもしれません。やせたいけれど、甘いものや揚げものを食べたい——この誘惑に勝利するためには、どうすればいいでしょうか。

世の中には、さまざまなダイエット法があります。やれ豆乳がいいとか、リンゴがいいとか、唐辛子がいいとか、半身浴がいいとか、ヨガがいいとか、腹式呼吸がいいとか。

もちろん、それぞれのダイエット法には、それなりの効果があるのでしょう。

心理学者も同じようにダイエット法には興味があるのか、いろいろな方法を提案しています。

そこでひとつ、**「食事や運動にこだわらない」ダイエット**をお教えしましょう。

★「やることリスト50」でスルッとやせる

英国ハートフォードシャー大学のベン・フレッチャーは、特別に食事や運動にこだわらなくとも、**「ただ何か新しいことをしているだけで、人はやせる」**と指摘しています。

普通の人は、だいたい日常の習慣によって肥満になるわけで、そういう習慣を打ち壊せば、やせるというのがフレッチャーの考えです。そのため、**新しい行動のレパートリーをどんどん増やせば、自然にダイエットできる**というのです。

フレッチャーは、やせたいと願う人たちを集めて、「1カ月間、毎日、何か新しいことをしてもらう」という実験を行ないました。参加者たちには、週ごとに達成しなければならない50のタスクを記したリストを手渡し、それをこなすように求めたのです。リストには次のようなものがありました。

- 友人以外の人に話しかけてみる
- 今までとは違うルートで会社に行く
- 普段読まない新聞を買って読む
- 疎遠になっている友人にメールを送る

参加者は新しいことをすればよく、食事や運動にはこだわらなくていいとされていました。

けれども、1カ月後の体重の変化を調べてみると、なんと平均2・6キロも体重が減っていたのです。さらにもう1カ月後にリバウンドしていないかを調べてみたところ、さらに1・91キロも体重が減っていることがわかりました。つまり実験前に比べて、2カ月で4・45キロもやせたことになります。
実験に参加したのは15人でしたが、2カ月で7・81キロもやせた人もいました。

この実験で特筆したいのは、「何か新しいことをする」だけで、食事や運動など、直接的にダイエットにつながるようなことは、何もしていない点です。

よく職場が変わったとか、引っ越しをしたとか、進学をした、ということをきっかけにやせてしまう人がいますが、そういう人は、おそらく「新しい環境」で古い習慣が壊されたことが影響しているのでしょう。

ダイエットをしたいのなら、「何か新しいこと」を始めてみるといいのです。食べたいものを我慢するのは苦しいですが、「新しいこと」は、楽しみながら始められるはずですから。

食欲を失わせる「イメージ作戦」

ダイエットをする人が一番の問題だと感じるのは、食欲でしょう。

「食べてはいけない」と思うと、なおさら食欲が募ってしまい、それが苦しく、悩ましいと感じるのです。

ダイエットを成功させたいなら、そもそも食欲をなくしてしまえばいいのですが、そういう便利な心理テクニックはないのでしょうか。

はい、もちろんあります。

それは、**イメージ作戦**。食欲がなくなるようなことを頭の中であれこれと考えれば、食欲も失《う》せます。単に我慢するよりも、こちらのほうがよい作戦でしょう。

ただ、ひとつだけあらかじめ申し上げておきますと、ここでご紹介する方法は、きわめて効果的なイメージ作戦ではありますが、「ちょっとだけ汚い」と感じる人がいるかもしれません。ですので、汚いことが苦手な人は、この項目は読み飛ばしてしまってもかまいません。


米国オレゴン大学のニコル・ジュリアーニは、「食欲を失わせるため」には、どのようなイメージ作戦をとればよいのか、実験をしてみました。

具体的には、次の４つのイメージをさせて、どれくらい食欲が失われるのかを測定したのです。

①「私はもうすでに満腹だ」という姿をイメージする
②「太っていると、人に嫌われて笑われる」とイメージする
③「今食べなくとも、あとでおいしく食べればいい」と考える

④だれかがクシャミをして、唾《つば》が食べ物に入った場面をイメージする

さて、この4つのうちのどれが一番食欲を失わせたのか？

答えは4番でした。だれかの唾が入った食べ物なんてイヤに決まっていますよね。

もちろん、1番から3番までのやり方が効果的でないかというと、そういうわけではありません。それなりに効果はありますから、そちらのほうを試してもいいでしょう。

★「こんなにデブだと相手にしてもらえない」

私は高校時代までずっと肥満で、体重が85キロありましたが、数カ月で20キロほど落とし、以来30年、同じ体型を維持しています。では、どうやってやせたのかというと、私の場合には2番のイメージ作戦を使いました。

「こんなにデブだと女の子に相手にしてもらえない」とネガティブなことを鮮明にイメージし、「モテたいなら、とにかくスリムになるしかない」とダイエットに励んだのです。

私の場合、このやり方はてきめんに効果的だったようで、いまだに1キロでも太ると「女の子に嫌われる」という恐怖を感じ、急いで体重を落とします。

他にもいろいろなイメージ作戦は考えられますし、自分なりにテクニックを考えてもいいでしょう。

とにかく**食欲が失われるようなことを考えるのがダイエットを成功させるコツ**です。

Column

「リバウンド」を防ぐ一番いい方法

みなさんは数日間、必死にダイエットをして、その後、どうしようもないほどに食欲が募って、「もうどうでもいいや」とドカ食いをした経験はありませんか。

これは、欲求を我慢するとリバウンドが起きやすくなるからです。

ロンドン大学のジェームズ・アースカインは、「タバコを吸っていて、今のところタバコをやめるつもりがない人」に集まってもらい、禁煙の実験をしたことがあります。

あるグループには、「できるだけタバコのことを考えないように」と指示しました。

けれども、このやり方は大失敗でした。

「タバコのことを考えてはいけない」と言われた人たちは、かえってタバコのことばかりを考えてしまい、むしろ喫煙本数が増えてしまったのです。

一方、「タバコを吸ってもいいのですが、吸ったときには本数を数えておいてください」と言われたグループは、むしろタバコの本数が減ったのです。

別に、「タバコを吸ってはいけない」とは言われていないのに、不思議ですね。

そういえばダイエットでも、少し前に、**「レコーディング・ダイエット」**というのが流行《はや》りました。特に意識して食事制限などをしなくとも、ただ自分が食べたものを「記録」（レコーディング）するだけで、なぜか食べる量が減らせるというダイエット法です。

このダイエット法は、アースカインの実験で明らかにされたように、**ただ記録するだけで、なぜか欲求が抑制される**ことを示しています。

パチンコやスロット、競馬や競輪にハマっている人は、月に何度出かけているのか、そして月にどれくらいお金を使っているのか、ちょっと記録をとってみましょう。

「我慢する」のではなく「記録をとる」のです。それだけでも、「ちょっと行くのをやめようかな」という気持ちを強めることができます。

スマホゲームばかりやっているように感じる人は、プレイ時間を記録してみましょう。

「えっ、記録をとってみたら、1日にこんなに時間をムダにしているのか……」

と気づいて、少しはゲームへの欲求を減らせるかもしれません。

どんな欲求でも「逆らう」のではなく「ただ記録する」だけでよいのです。

4章

「世渡り」がうまくなる方法

……「相手のことを考えた対応」ができる人

「アイツ、面白くないな」と目をつけられそうになったら

職場で仲間外れにされたり、いわれのない中傷を受けたりすることは、よくあります。人が集まれば、少なからず〝いざこざ〟は起こるもので、これ自体は避けることができません。

ただし、明らかに不当にイジメを受けたり、陰湿なことをされたりする場合は、〝やられっぱなし〟ではいけません。とくに落ち込んでしまったら相手の思うツボです。

そこで、**「職場でのイジメ」を巧みにかわすための心理戦**について考えてみま

しょう。

まず、どういう人が標的になりやすいのかというと、**「仕事ができる人」**。

仕事ができる人は、まわりから妬《ねた》まれやすいのです。

ニュージーランドにあるマッセー大学のアン・ランドル・ガーディナーの研究によると、「仕事で成功した人の10人中8人は、他の社員から中傷を受ける」そうです。

仕事ができる人というのは、**「面白くない存在」**なのでしょう。

同じような研究は他にもあります。

米国ノーザン・イリノイ大学のステファニー・ヘナガンは、4つの不動産会社で働く販売員について調査し、社内賞をとるような優秀な販売員ほど、同僚たちからの妬みや怒りを買いやすいことを明らかにしています。

★とにかく気取らず「謙虚アピール」を

「出る杭《くい》は打たれる」という言葉がありますが、できる人が周囲から嫉妬されることは多いもの。

「まわりの人から嫌われたって、ちっとも気にしない」というメンタルの強さを持っている人なら大丈夫なのでしょうが、たいていの人は、イジメや妬みの対象になりたくはないでしょう。

では、そんなことになった場合には、どうすればいいのでしょうか。

ヘナガンによると、優秀な販売員は、周囲の人たちからの妬みをかわすため、**「あえて謙虚な姿をアピール」**するのがよい作戦だそうです。

「私が社長賞をとれたのは、○○さんが助けてくれたからですよ」

「今回うまくいったのは、たまたま運がよかったからです」

「いやあ、今回は、完全にまぐれ。次はどうせうまくいきませんよ」

そんな感じのことをアピールして、とにかく**自分の成功を鼻にかけない姿を見せる**のがよいらしいです。仕事がうまくいったからといって、気取ったところを見せれば、周囲の人は面白くないでしょうから。

さらにヘナガンは、周囲の妬みをかわす方法として、「わざと成績を落とす」というやり方も指南していますが、こちらはあまりおススメしません。わざわざ自分の成績を落とす必要もないだろうと思うからです。

ともあれ、できる人ほど妬みの対象になりやすいわけですから、仕事ができるという自覚がある方は、謙虚になることを忘れないでくださいね。

相手に「イラッ」ときた——不機嫌に乗っとられない法

「部下が思うように動いてくれない」
「子どもが言うことを聞かない」
「レストランで注文した料理がなかなか出てこない」
「列に並んでいたら、割り込みされた」

このように日常生活においては、対人関係でイライラさせられる場面は少なからずあるものです。ですが、こんなとき、いつまでもイライラしていても「いいこと」はひとつもありません。さっさと気分転換をはかって、つまらない苛立《いらだ》ちなど吹き飛ばしてしまいましょう。

ここでは、**対人関係でイライラしている自分に打ち勝つための心理戦**について考えてみます。

自分がムカついたり、イラついたりしていることに気づいたら、「その不機嫌な気持ち」を引き起こした対象を**笑い飛ばす**のです。

たとえば、子どもや部下が自分の言うことを聞いてくれないときには、

「なるほど、成長したんだねぇ〜」

ズルや割り込みをされたら、

「あれあれ、王様みたいだね」

などと。そうやって笑っていると、不機嫌な気持ちも吹き飛びます。

★一瞬で気分が変わる「スマイル作戦」

米国クラーク大学のサイモン・シュネイルは、いろいろな絵画を見せて、その

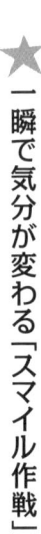

絵画を見たときに普通の人が感じる印象とは、逆の表情をさせる実験をしました。

たとえば、「ダンス」「春」といったポジティブなタイトルの絵画を見せるときには、「しかめっ面をつくってください」とお願いし、「裏切り」といったタイトルの絵画を見せるときには、「笑顔をつくってください」とお願いしたのです。

参加者は、感情に合わない表情をさせられたわけですが、そのあとに感情を尋ねると、笑顔をつくればハッピーと感じ、しかめっ面をつくると怒りを覚えることがわかりました。しかも、この感情はしばらくつづいたのです。

たとえ心の中に苛立ちの感情があったとしても、笑顔をつくっていれば気分がハッピーになりますし、しかもそれはしばらく持続してくれるのです。

不愉快なことがあったときには、すぐに「スマイル！　スマイル！」と自分に言い聞かせること。

「なんだかウソくさいな」と思われるかもしれませんが、実際にやってみると、その効果がどれだけすごいのかを体感していただけます。とにかく、びっくりするくらい瞬時に気分が変わりますから。

私は、ものすごく短気な性格なので、相手が予定通りに動いてくれなかったり、メールの返信が遅かったりするだけで、ムカムカしてしまうようなところがあります。

しかし、そんな私でも、この**「スマイル作戦」**を実行するようになってからは、ずいぶん穏やかな性格になってきたと思います。

それでも人よりは短気だと思いますが、すぐに気分転換できる方法を覚えたので、不機嫌な気持ちもそんなにつづきません。

「あっ、自分はちょっとムカついているな」

と気づいたら、すぐにスマイルをしてみてください。イライラなんて、すぐに解消できますよ。

#「僕って面白いでしょ」は恥ずかしい

「俺って、面白いでしょ？」

「私って、お笑い芸人みたいでしょ？」

こうした自己アピールは、恥ずかしいので絶対にやめましょう。

なぜなら、みなさんは、そんなに面白い人間でもないからです（笑）。

自分自身のことを、なぜか「それなりに面白いキャラ」だと思い込んでいる人は多いのですが、それはまったくの勘違い。

自分から「面白い人間アピール」などすれば、恥ずかしい思いをするだけです。例にもれず、私も自分のことを「とっても面白い人間」だと思っていました。大学の講義で何か面白いことを言うと、学生たちが大笑いしてくれることが多いような気がしていたからです。

しかし、これは完全な誤解でした（笑）。

なぜなら、一年間の講義の最後に学生から「授業評価アンケート」が提出されるのですが、「つまらないダジャレを言うのをやめてください」とコメントされたことがあったからです。しかも何人もの学生から。

それで、私は自分が面白い人間だと思うのをやめました。

「うぬぼれ」が強いと心理戦でも足をすくわれますから、要注意なのです。

★「ユーモア得点」の高い人、低い人

米国コーネル大学のジャスティン・クルーガーは、私たちは自分のユーモア度

に関して、かなりうぬぼれている、つまり過大評価する傾向があることを突き止めています。

クルーガーは、大学生たちに30個のジョークを見せて、それぞれのジョークについて、面白さを11点満点で評価させるという実験を行ないました。

そして、プロのコメディアン集団にも同じジョークに点をつけてもらい、どれくらい一致するかで、学生たちのユーモア度を算出しました。

自分で面白いジョークだと思っていても、プロのコメディアンたちが低い点数しかつけていなければ、その人のユーモア度は低い、と判断されたことになります。

すると、たいていの学生には、何が面白いジョークなのかを見抜く能力など、まったく備わっていないことが判明したのです。

また学生たちには、「あなたは、面白さを見抜く能力がどれくらいあると思いますか?」と尋ねて、100点満点で点数をつけさせました。

その結果、**ユーモア度の低い人ほど、自分を過大評価する**ことがわかりました。

面白いもので、プロのコメディアンたちと似たような判断ができる人、すなわち、ユーモア度の高い人ほど、「自分には面白さを見抜く能力などない」と謙虚でした。

勉強でも、仕事でもそうですが、**できる人のほうが、「自分はできない」と思うもの。**思わぬところで足をすくわれないように、「謙虚さ」を忘れないでいたいものです。

「懲らしめてやりたい」気持ちを抑えるコツ

男と女の微妙な駆け引き、特に**結婚生活における心理戦**をややこしくしないためには、どうしたらいいでしょうか。

パートナーとの関係をうまく保つための方法はたくさんありますが、ここでは「ぶどう糖」の効用について書いてみたいと思います。

なぜなら、ぶどう糖をしっかり摂取していれば、夫婦ゲンカなど、起きなくなるからです。

米国オハイオ州立大学のブラッド・ブッシュマンは、107組の夫婦に、21日間（3週間）、毎晩、パートナーに対して、気に入らないことがあったり、腹が立つことがあったりしたら、ヴードゥー人形（呪《のろ》いの人形）にピンを突き刺してもらいました（最大51本まで）。

また、夜の血中のぶどう糖（グルコース）の値も測定してもらいました。

その結果、血中のぶどう糖が少ない日ほど、「呪いの人形」にたくさんピンを刺すことがわかったのです。

ぶどう糖は果物や蜂蜜《はちみつ》などに多く含まれ、人の血液中にも一定量含まれていますが、人体のエネルギー源として、とても重要なものです。

このぶどう糖が少なくなると、パートナーに対して、イライラや不満が高まり、「懲《こ》らしめてやりたい」「ぶん殴ってやりたい」という気持ちが抑えられなくなってしまう、というのですね。

★2人で「もぐもぐタイム」をとるだけで……

ブッシュマンによると、夫婦ゲンカの原因は、セルフ・コントロール（我慢）ができなくなることにあります。**自分の感情を抑えられないとき、ケンカが起きるのです。**

セルフ・コントロールをするためには、エネルギーがいります。そして、エネルギー源のぶどう糖が足りなくなるから、人は我慢ができなくなるのです。

では、どうすれば忍耐強く、感情を抑えられるようになるのかというと、ぶどう糖を摂取すればいいのです。

ぶどう糖を含んだものを適度に摂取するようにすれば、少しくらいイヤなことがあっても、なんとかセルフ・コントロールを失わずにすむ、というわけです。

ちなみに、ぶどう糖は、ドイツの化学者アンドレアス・マルクグラーフという人物によって、レーズン（干しぶどう）から初めて抽出されました。

ですので、イライラしがちな人は、レーズンを摂《と》るのがいいかもしれません。

しょっちゅう夫婦ゲンカしている人は、夜にでも、パートナーと一緒にレーズンを食べてみることをおススメします。

そういう**「もぐもぐタイム」を設ければ、あまりケンカなどしなくなる**のではないかと思いますが、どうでしょうか。

ただし、ぶどう糖は、あくまでも糖ですから、摂りすぎると太ったり健康を害したりしますので要注意です。

「他の人に見せびらかしたい気持ち」をつついてあげる

どこかの慈善団体などに寄付をするとき、私たちは、完全に「慈善の気持ち」から行なっているとは言えないのかもしれません。

たいていの人は、自覚している・していないにかかわらず、「虚栄心」を満たすために寄付をするのであって、「私は、寄付をするような素晴らしい人間なんだよ」と他の人に見せびらかしたい気持ちがあるのです。

なぜ、そんなことが言えるのかというと、**「完全に匿名《とくめい》」で寄付する人は、ほとんどいない**からです。

自分が寄付していることが他の人にわからないときには、人は寄付をためらうのです。

★「本日の飲み会では部長から1万円をいただきました！」

米国イエール大学のロースクールには、1991年の1年間で、1950件もの寄付が寄せられましたが、匿名だったのはわずか4件だけ。

米国カーネギーメロン大学では、1989年から1990年の1年間に、なんと5462件もの寄付があったそうですが、匿名はというと、14件。率にすると、たった0・3パーセントでした。

寄付をする人は、「自分が寄付していること」をわかってもらったほうが嬉しいのです。人間の心理には、そういうところがあるのですね。

ですから、**たくさんの寄付を募りたいのであれば、できるだけ虚栄心をくすぐるようなやり方をするのが望ましい**でしょう。

たとえば、みんなで飲み会をするとき、みんなの会費が3000円なのに、部長だけが1万円を払ってくれたとしましょう。

もし私が幹事なら、乾杯をする前に、

「今日は、○○部長から、なんと1万円をいただきました。各テーブルには、コース料理の他に、一皿ずつ料理が増えますからね。これは部長のおごりです。みなさん、拍手をお願いします!!」

などと言って、部長を大いに喜ばせると思います。そうやって部長の虚栄心を満足させてあげれば、次の飲み会でも、また余分にお金を払ってくれるかもしれません（笑）。

★「特別なメダル作戦」で寄付額アップ

米国カリフォルニア大学アーバイン校のアミハイ・グレイザーは、寄付を募るときには、メダルや表彰状などを渡すのもいい、とアドバイスしています。

たとえば、「寄付はいくらでもよいのですが、５００ドル以上寄付をしてくれた人には、特別なメダルが贈られます」という形にしておくと、５００ドルぴったり寄付してくれる人が増えるそうです。

ハーバード・ロースクールでは、まさに５００ドル以上寄付してくれた人にはメダルを贈っているそうですが、ある年の９８０人の寄付者のうち、なんと**93%がぴったり５００ドルを寄付**してくれたそうです。

やはり寄付するからには、「何らかの見返りがほしい」というか、「虚栄心を満足させたい」のでしょうね。

いざこざは「あえて放っておく」

会社のプロジェクトチームのリーダーに抜擢《ばってき》され、プロジェクトを進めようと張り切っていたとしましょう。ところが、メンバー間で、ちょっとしたいざこざがあり、人間関係がぎくしゃくしてしまいました。AさんとBさんの仲が悪く、顔を合わせても口もきかないほどです。

これは、リーダーとしては、気になるところです。

こんなとき、たいていの人は、あわてて話し合いの場を設けたり、それぞれに意見を聞いたりしようとすると思うのですが、少しだけ静観してみましょう。つまりは、**「放っておく」のも立派な戦略**だということです。

お互いにいい大人なのですし、放っておけば、そのうちに解決することも少なくありません。進行に支障をきたしたり、お互いの作業を邪魔し合ったりするようなら別ですが、仲が悪いままでも、滞りなくプロジェクトが進行することは大いにあるのです。

★すべての人と「仲良し」にならなくていい

米国イリノイ大学のキース・マーニガムは、プロの弦楽四重奏のメンバー20組、80人にインタビューし、演奏やコンサートで、他のメンバーと衝突するかどうかを尋ねました。また、それぞれの楽団が、どれくらい成功しているのかも調べました。

楽団の成功は、①コンサートの料金、②アルバムの数、③他の弦楽四重奏団からの評価、④前年のコンサート回数、⑤新聞や雑誌に掲載された回数、⑥取り上げられた記事が好意的かどうか、の6つで測定しました。

その結果、**成功している楽団ほど、メンバーが衝突することがあっても、お互いに話し合いなど「していない」**ことがわかりました。

彼らは、音楽的に他のメンバーに気に入らない点があっても、それを相手に告げたり、修正するように求めたりはしませんでした。問題があっても、解決「していない」ことがわかったのです。

人間関係の問題では、ヘタに手を出そうとすると、かえって問題がこじれることは現実によくあります。「放っておいたほうがいい」というケースも多いのです。

グループのリーダーは、「すべてのメンバーが仲良しになることを目指さなくてもいい」と覚えておくこと。特に、メンバーの数が増えれば増えるほど、意見がぶつかることも多くなるでしょうし、そのすべてを解決しようとしていたら、自分が疲れてしまいます。よほど目に余るようなら別ですが、「放っておいてもけっこう何とかなるだろう」と気楽にかまえておくのがいいのです。

子どもの成績を伸ばしたいなら

小学校と中学校の先生は、たくさんの宿題を出します。先生は、子どものためを思ってそうしているのかもしれませんが、子どもの負担を考えると、親としては「宿題なんてやらなくたっていいぞ」と言ってあげたくなることもあります。

宿題に、「子どもの学力を伸ばす上で役に立つ」などのはっきりした意味があるならいいのです。

ところが、実際のところ、宿題には「子どもの時間を奪う」こと以上の意味はないように思うこともしばしばです。

子どもの時間を奪うことで、「非行に走る時間を与えない」「テレビを見たり、ゲームをしたりする時間を減らす」ことが目的なら、宿題にも意味があるのかもしれませんが。

★「たまにはサボってもいいんじゃない？　でも……」

米国ネバダ大学のオズカン・エレンは、宿題はただの時間のムダではないかと考えました。

そこで、1032もの中学校を対象に、のべ2万人を超える中学2年生について、1週間に出される宿題の量を調べてみたのです。

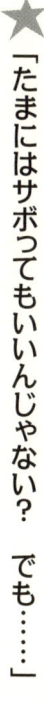

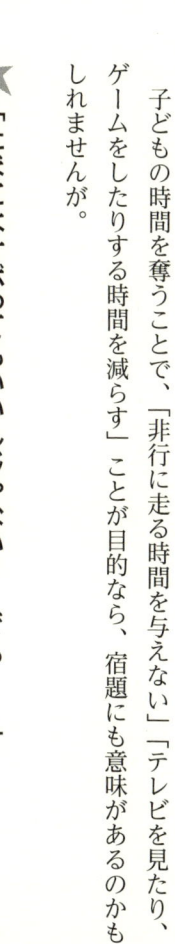

すると、学校から出される宿題を片づけるのにかかった時間の平均は、数学2・4時間、科学1・7時間、英語2・2時間、歴史2・1時間となっていました。かなりの負担です。

それでは、試験の成績に、これらの宿題にかけた時間は関係していたのでしょうか。

エレンが調べたところ、**数学の宿題は、試験の成績に大きく関係**していました。宿題が多く出され、宿題にかける時間が長くなるほど、数学の成績は伸びていたのです。数学の宿題は、大変に意味があるといえるでしょう。

ところが、その他の科目、科学、英語、歴史については、宿題にかけた時間と、成績との間に、まったく関係などありませんでした（ちなみに、英語は、アメリカの人にとって「国語」に当たります）。

この結果を受けて、エレンは、**「数学以外の宿題は、子どもの時間を奪い、負担をかけるだけ」**と指摘しています。学校の先生には、このあたりのこともよくよく考えていただきたいと思います。

宿題など出さなくとも、授業時間内で生徒にしっかり理解させることは可能でしょう。学校の先生にはそういう努力をしていただきたいですね。

子どもが毎日の宿題に追いまくられているようなら、親としては、

「たまにはサボっても、いいんじゃない？　でも、数学の宿題だけはちゃんとやろうね」

と言ってあげるとよいのではないでしょうか。

なぜ、数学だけが、宿題の量と、それにかけた時間がそのまま成績に反映されるのかはよくわかりませんが、やればやっただけ成績もよくなりますから、「やってもムダ」にはなりません。

数学に関しては、宿題の手抜きをさせないようにしましょう。

Column

「ゴミのポイ捨て」をめぐる心理戦

お店の経営者にとって、ゴミのポイ捨ては厄介な問題です。お店のまわりにゴミが散らばっていたら、商品までどことなく汚らしく見えるし、お客さまだって入ってこなくなります。

実は、この「ゴミのポイ捨て」を心理学的に解決する方法はあるのです。

それは、**「ほんの少しのゴミも許さない」という態度をつらぬく**こと。

ディズニーランドでは、いたるところにゴミ箱を設置し、何十分かおきに掃除をするなどして、来場者のゴミのポイ捨てを防いでいるそうですが、このディズニーランドのやり方は、心理学的に正しいのです。

「まあ、タバコの吸い殻ひとつくらい、いいか」という判断が甘いのです。ほんのひとつでもゴミがあると、通りかかった人は「ここにはゴミを捨ててもいいんだ」と思ってしまいます。そして、気がついたときにはゴミの山ができてしまっているのです。

オランダのフローニンゲン大学のキース・カイザーは、あるスーパーマーケットで実験を試みました。

あるときは駐車場に買い物用のカートを何台かばらばらに置いておき、あるときは、カートを所定の場所にきちんと戻しておきました。

その上で、カイザーは、駐車場に停めてある車のワイパーに、「みなさんに素敵な休日を！」という、どうでもいいビラをはさんでおき、買い物を終えて戻ってきたお客たちが、そのビラを駐車場に捨てていくかどうかをこっそり調査したのです。

その結果、カートが無秩序に駐車場に置かれているときには、58%の人がそのどうでもいいビラを駐車場に捨てていきました。「どうせきちんとしていない駐車場なんだから、ゴミのひとつくらい、いいだろう」と思ったに違いありません。

カートがきちんと所定の場所に戻されているときには、「こういうきれいな場所は、汚してはいけないないな」と思うのか、いらないビラでも捨てていく人は30％と、ほぼ半分に減りました。

汚い場所は、汚くしてもいい。

私たちは、そんなふうに判断するのです。ですから、お店のまわりや、自分のマンションの近辺にゴミのポイ捨てをしてほしくないのなら、周辺のゴミ拾いは徹底的にやる。駐輪場や駐車場もきれいにしておくこと。

壁に落書きなどがあれば、それもきちんと消しておきましょう。やはりカイザーの実験なのですが、駐輪場の壁に落書きがあると、ポイ捨てをしていく人が69％、落書きがないときには33％だったそうです。

5章

「人の気持ちを動かす」にも、コツがある

……こんな「駆け引き」を楽しめる人

「値引きをせずに売り上げを伸ばす」に学ぶ

さて、この章では、ビジネスにおいての心理戦について考えてみたいと思います。この本の読者の中にも、自分でお店や会社を経営している人がいるかもしれませんが、売り上げを伸ばそうとするとき、経営者が真っ先に考えるのは、「値引き」という作戦だと思います。

商品やサービスを安くすれば、それだけたくさん売れて、売り上げも伸ばせるだろう、と考えてしまうのです。

しかし、実際のところ、これはあまりよい作戦ではありません。

なぜなら、値引きをしたら、それだけ利益が下がってしまうから。

実は、値引きなどしなくとも、もっと簡単に売り上げを伸ばす方法はあります。

それは、**「ユニット販売」**。ひとつひとつ売っている商品を、ただまとめるだけ。

それだけで、商品は飛ぶように売れるようになるのです。

★商品が飛ぶように売れる「ユニット販売」

米国イリノイ大学のブライアン・ワンシンクは、86のスーパーマーケットの経営者に協力してもらい、1週間にわたって実験をさせてもらいました。

それぞれのスーパーマーケットで取り扱っている特定の商品について、曜日によって、ひとつひとつばら売りしたり、いくつかをまとめて売ったりしてもらったのです。

実験の対象は、朝食用シリアル、冷凍食品、石鹸《せっけん》など13種類に絞りました。それぞれの商品について、たとえば、ある商品を、

月曜日　ひとつ50セント
火曜日　4つで2ドル
水曜日　ひとつ50セント
木曜日　4つで2ドル

という感じで売ってもらったのです。ちなみに、ひとつ50セントでも、4つで2ドルでも、ひとつの金額はまったく同じです。要するに、値引きなどはまったくしていなかったのです。

ところが、ユニット販売にすると、週平均の売り上げ高がなんと実験前の6カ月間に比べて、**165%も伸びた**のです。驚くような伸び率ではありませんか。

お客さまは、ユニット販売されていると、「たぶん割引されていたり、おまけされていたりするのだろう」と思い込んでしまい、なんとなくお得感があるというか、「安い」と感じてしまうようです。本当は、そんなことはないのに。

オレンジ1個100円といわれると、なんとなく「高いな」と思いますが、オレンジ1袋、4個入りで400円といわれると、なんとなく「オトク」と感じる。それがお客の心理なのです。

値引きなどしなくとも、売り上げは伸ばせます。ひとつずつ別々に売っているものを、まとめて売ればいいのです。

これはサービスでも同じです。**個別に料金を提示するよりは、「全部まとめてこのお値段」という形のプランで提供したほうが、お客さまには喜んでもらえる**でしょう。

なんだかお客さまをだましているように思うかもしれませんが、詐欺《さぎ》などはしていません。「ただ商品をまとめているだけ」ですので、罪悪感を覚える必要もないのです。

なぜ「買わないとソン」と思ってしまうのか

スーパーに買い物に出かけたところ、入口で300円分のクーポン券をもらったとしましょう。

せっかくもらったクーポン券なのですから、当然、使わなければソンですよね。仮に買うものはすでに決まっていたとしても、それでもやはり何かを買おうとするはずです。しかも、「300円ピッタリ」ではなく、500円とか、1000円とか、クーポン券以上の買い物をしてしまうのではないでしょうか。

もしみなさんが売る側であれば、この**「クーポン券作戦」**を使いましょう。お客にどんどんクーポン券を配るのです。

クーポン券を配れば、クーポン券以上の買い物をしてくれますからね。

★「買うつもりがないのに買ってしまう」とき

ワシントン大学のキャリー・ヘイルマンは2つのスーパーマーケットで、やってきたお客192名を対象に、面白い実験をしています。

105名のお客には、1ドル相当のクーポン券をプレゼントし、残りの87名には、クーポン券を渡しませんでした。その後、買い物を終えて帰るところで声をかけて、どれくらい買い物をしたのかを教えてもらったのです。

すると、クーポン券をもらったお客は、「買うつもりがなかったのに買ってしまった品物」が11・37個もありました。クーポン券をもらえなかったお客は、7・76個です。クーポン券をもらうと、買うつもりがなかったものでも数多く買ってしまったのですね。

また、最終的に使った金額を尋ねると、クーポン券を渡したお客のグループでは平均83・91ドル、渡さなかったグループでは75・22ドルでした。

たった1ドルのクーポン券でも、それをもらったお客は、余分なものまでいろいろ買ってくれたわけです。

クーポン券を配ると、クーポン券分だけお店にとってはソンになってしまうように思うかもしれませんが、そうではありません。

お店にとっては、クーポン券の分がソンになるかもしれませんが、お客はそれ以上にたくさんのお金を使ってくれるのが普通なので、**トータルでみれば、明らかに利益が増える**のです。

ちなみに、お客としての私は、お店のクーポン券は一切もらわないことにしています。そういうものをもらってしまうと、いらないものまで、ついつい買ってしまいそうですから。

なるべく「大きな数字」を引き合いに出すだけで……

死んでしまう危険性が、12・86%と、24・14%の2つがあるとしたら、どちらのほうが危険だと思いますか。どう考えてみても、24・14%ですよね。2倍くらい死んでしまう危険性が高いわけですから。

ところが、それが逆転してしまうという、「摩訶《まか》不思議な現象」が見られることもあるのです。

淑徳大学の山岸候彦《きみひこ》先生（現在は東工大）は、ワシントン大学の学生に、ガンのリスクを0点（まったく危険でない）から、25点（最大の危険）までで見積もってもらいました。

ただし、その判断にあたっては、「参考となる数字」も知らせておきました。

すると、リスクの判断は次のようになったそうです。

【参考となる数字】 **【リスクの判断（25点満点）】**

10000人中24414人の死因 12・21点

10000人中1286人の死因 10・79点

次に山岸先生は、同じような「参考となる数字」を見せてから、やはり25点満点でリスクを判断してもらいました。その結果が次です。

【参考となる数字】 **【リスクの判断（25点満点）】**

100人中24・14人の死因 8・69点

100人中12・86人の死因　　8・19点

ここで不思議なことに気づきませんか。「10000人中」から「100人中」と、数は小さくなっているものの、参考となる数字で示した亡くなる人の割合は、24・14%と12・86%で、まったく同じです。

ところが、リスクを判断させると、「10000人中1286人」のときには10・79点で、「100人中24・14人」のときには8・69点。

なんと、亡くなる人の割合が12・86%のときのほうが、24・14%のときに比べて、リスクを判断する点数が高くなってしまっているではありませんか。

おかしなことですが、私たちは、

「大きな数を見せられたときのほうが、心が影響を受けやすい」

のです。

★「言っていることは同じ」作戦

「調査対象が100人のデータです」と言われるより、「調査対象が10万人のデータです」と言われたときのほうが、なんとなく信頼性が高いように感じないでしょうか。統計的にいうと、きちんとランダムサンプリング（無作為抽出）していれば、たとえ調査対象の人数が少なくても、結果の信頼性は変わらないのですが。

この「大きな数字を見せられたときのほうが、心が影響を受けやすい」ことを知っていれば、**プレゼンなどでは、「なるべく大きな数を引き合いに出してアピールしたほうがいい」**とわかるでしょう。

「マーケティング調査をしたところ、10人中3人に好意的な評価をいただけました」と言っても、「なんだよ、ほとんどの人には嫌われているんじゃないか」とツッコミを入れられるのがオチです。

しかし、同じことを表現するときにも、

「1000人中300人に好意的な評価を受けた計算になります」

と言えば、「そうか、300人もの人に好まれたのか」と、受けとめ方はガラリと変わってくるはずです。

数字を使ってプレゼンをするときには、なるべく大きな数に変換して伝えましょう。同じことを伝えるにしても、大きな数のほうが絶対的に相手の心に与える影響は大きくなるのですから。

「わかりやすさ」は人の心を動かす

文章作法を教える本、あるいはビジネス文書の書き方についての本を開いてみてください。たいていの本には、「できるだけ平易な文章を書くように心がけよ」と記されているはずです。「難しく書け！」とアドバイスしている本は、一冊もないでしょう。

文章を書くときには、できるだけ平易に。

相手にきちんと読んでもらい、きちんと理解してもらわなければ書いた意味がありませんから、これは当然のアドバイスだといえるでしょう。

ところがですよ。報告書やレポートを書かせると、なぜか難しい表現や漢字を使いたがるビジネスパーソンは多いのです。大学生もそうです。レポートを書かせると、なぜか好んで難しい表現を使いたがります。

おそらくは、「難しい表現を使って知的に見せたい」という心理がはたらくからでしょうが、これはまったくの逆効果なのです。

★同じことを伝えるなら「やさしい表現」で

米国プリンストン大学のダニエル・オッペンハイマーは、「英文学に関する報告書」を使い、難しい表現で文章が書かれているとき、どれくらい内容を受け入れてもらえるかについて実験をしてみました。

オッペンハイマーは、次の3つの文章を被験者に読ませ、「まったく受け入れられない」と感じたときにはマイナス7点、「すべてが納得できる」と感じたときにはプラス7点として、それぞれの文章に点数をつけさせたのです。

①元のままの「英文学に関する報告書」の文章
②内容を変えずに、少しだけ難解にした文章（名詞、動詞、形容詞について、そのうちの3分の1を、類語辞典で一番長いスペルの単語に変えた）
③内容を変えずに、とても難解にした文章（名詞、動詞、形容詞について、すべてを類語辞典で一番スペルの長い単語に変えた）

この実験の結果は、次のような結果になりました。

元のままの文章	ほどほどに難解にした文章	とても難解にした文章
＋0・67	－0・17	－2・10

同じことを伝えるのでも、一番受け入れられるのは、やさしい文章。
難しい単語を使うと、かえって読み手に拒否されやすいとわかりますね。
書くときも話すときも、「わかりやすさ」を第一に、を心がけてください。

交渉は「初手」がとっても大切

交渉においては、とにかく「初手《しょて》」の提案が大切です。

初手でどんな要求を出すかで、最終的な妥結がどうなるかが決まってしまうほどです。

大きな利益をあげたいなら、とにかくとびっきり大きな要求をすること。

これは交渉における心理戦の「超・基本」です。

初手で大きな要求をしておけば、少しは譲歩することになっても、大きな利益を手にできます。謙虚に小さな要求しかしないと、小さな利益しか得られません。

初手の要求のことを、心理学では**「アンカー」**（船の碇《いかり》のこと）と呼びます。どこにアンカーを打つかで、その後の交渉が左右されます。

★上手な「妥協」の引き出し方

たとえば、奥さんにおこづかいアップを要求したいとしましょう。自分は、5000円ほどアップしてほしいとします。このとき、「ねえ、おこづかいを今の3万円から3万5000円にしてくれないかな」などとお願いするのは、ダメなやり方です。どうせあれこれ言われて、仮に成功しても、1000円アップぐらいにしかなりません。

ですから、初手の要求をもっと吊《つ》り上げるのです。「3万円から6万円にしてほしい」というように。

もちろん、2倍ものアップを要求するのですから、うまくはいきませんよ。けれども、奥さんのほうも妥協してくれて、最終的にはこちらの望む5000円アップくらいがかなう可能性が高くなるのです。

アメリカと日本の外交交渉を見ると、いつでもアメリカは日本に対して、「大きな要求を吹っかける」というやり方をしています。そのため、たいていの場合、交渉はアメリカに有利な形でまとまります。日本は、あまり大きな要求をしないので、得るものも少ないのです。

初手に出した数字は、その後の判断に大きな影響を与えます。根拠などなくとも、大きな数字を出されると、その数字に引っ張られて、その後の判断もそちらの方向に引っ張られていくのです。これを**「アンカリング効果」**といいます。

★どんな人も「数字に引っ張られやすい」もの

ドイツのヴュルツブルク大学のバート・イングリッシュは、10年以上の職務経験がある判事23名と、19名の検事（平均41・78歳）に、ある実際の裁判記録を読んでもらいました。

その後、判決を出してもらったのですが、その前に、ジャーナリストからの質問を受けることになっていました。ただし、その質問はAとBのグループでわずかに異なっています。

A 被告は1年以上の有罪だと思いますか？

B 被告は3年以上の有罪だと思いますか？

という質問をされるのです。そして、その質問に答えてから、自分が思う判決を出してもらいました。

その結果、「1年以上の有罪だと思いますか？」と聞かれたAのグループでは、判決の平均が「25・43カ月」の有罪になり、「3年以上の有罪だと思いますか？」と聞かれたBのグループでは、判決の平均は「33・38カ月」となったのです。

経験のある判事や検事でも、判決を下す直前に出された質問（アンカー）によって、判決が大きくゆがむことがわかりました。

交渉においても、まったく同じなのです。

「小さな数字でスタートすると、そちらの方向に決まりやすくなり、大きな数字でスタートすると、そちらの方向で決まりやすくなる」

この原理をしっかりと覚えておきましょう。

相手が「つい、お願いを聞いてしまう」簡単な方法

人に何かお願いをするときには、うなずきながらするのがポイントです。

こちらがうなずいていると、相手もつられて頭を上下させはじめます。すると、こちらのお願いを聞いてもらいやすくなるのです。

日本語で「首をタテに振る」とは、〝同意する〟とか〝承知する〟という意味ですよね。そして、実際に**「相手に首をタテに振らせる」ような行動をとらせることができれば、こちらのお願いも受容してもらえる確率が高まる**のです。

ちなみに、「首をヨコに振る」とは、日本語では〝賛成しない〟とか〝承知し

ない〟という意味になってしまいますから、なるべく相手の首をヨコに振らせないようにすることです。

とにかく、こちらが頻繁《ひんぱん》にうなずきながら話すようにすると、相手もつられてうなずきはじめます。人間には、目の前にいる相手と同じような動作をしてしまう傾向がありますから、相手のうなずきを引き出すためには、こちらがまずたくさん首を上下させて見せればいいのです。

★「うなずきながら話す」と相手もつられてしまう

米国ハーバード大学のニコラス・エプレイは、50名の実験参加者を3つのグループに分けて、①うなずきながら、②首をヨコに振りながら、③首を動かさず静止させたまま、の条件で質問に答えてもらう、という実験をしました。

すると、同一の質問に対しても、**うなずかせながら回答させると、なぜか「イエス」とか「非常に好き」という答えが増えた**のですね。

逆に、同じ質問に首をヨコに振ってもらいながら回答させたときには、「ノー」「非常に嫌い」という反応が増えてしまうこともわかりました。首をヨコに振らせると、拒絶的な反応を引き出しやすくなるのです。

お客さまに商品説明をするときには、まずは自分がたくさんうなずいてみせること。そうすれば、お客さまも自然に首をタテに振りはじめるでしょうし、「お買い求めいただける可能性」もグッと高まるはずです。

私は、講演会でも、さりげなく自分の頭を上下させながら話すようにしています。すると聴衆のみなさんも、そろって首をタテに振りはじめ、私の話を受け入れてくれるようになります。

あとで「種明かし」をすると、みなさん笑ってくれます。

アメリカの大統領がスピーチをしているときには、大統領自身ではなく、後ろに立っている補佐官たちに注目してみてください。補佐官たちが、みな頭を上下させていることに気づかれると思います。

なぜ補佐官たちがあんなに大げさにうなずいているのかというと、テレビの視聴者や、スピーチを聞きにきている支持者たちから、**好意的な反応を引き出すため。**

私たちは、うなずいている人を見ると、つられてうなずいてしまうもの。ですから、そういう人間の習性をうまく利用しているわけですね。

Column

「ビターな現実」を知っておく

「僕は起業家として成功するんだ！」と夢を語るのは、大いにけっこうです。

しかし、**ともすると私たちの判断は「ものすごく甘くなりがち」**です。

勇んで会社を立ち上げたものの、「こんなはずじゃなかった！」とならないように、「起業しても、成功するのはとても難しい」と認識しておくこと。早まって今勤めている会社を辞めたりしないように、くれぐれも「入念なプラン」を立てることを忘れてはなりません。


起業1年後まで続く会社は40％。つまり、半分以上の会社は、わずか1年で倒産、あるいは廃業しているのですよ。

5年後までつづく会社は15%、10年後には6%です。つまり、5年生き延びられる会社は100社中15社、10年後には100社中6社しかないわけです。

「いいや、そんな統計はどうでもいい。なぜなら、私は失敗しないからだ！」と思うかもしれませんが、その考えは甘すぎます。

「ポジティブ」と「無鉄砲」は違う

米国パデュー大学のアーノルド・クーパーは、約3000名の起業家に、「あなたの事業が成功する見込みは？」と尋ねてみました。

すると、驚くべきことに95%の起業家が、「半分以上の確率で成功する」と見込んでいたのです。そして、81%は、「10のうち7以上は成功する」と答えていました。さらに、33%の起業家は、「10のうち10」すなわち、「疑いもなく100%うまくいく」と答えていたのです。

もちろん、そんなことがあるわけがありません。

このように、**「起業しよう！」という勇ましい人たちは、とにかく判断が甘くなりがち**だと知っておいたほうがいいでしょう。

私のまわりにも、会社員を辞めて独立した人がたくさんいますが、「独立して成功した」という話はあまり聞きません。たいていは音信不通になっています。

「独立すれば、今よりも収入が増えるのではないか」
「会社を興せば、ビッグチャンスがつかめるはず」

起業家はそういう期待を持つものですが、**世の中、そう甘くはない**と覚えておいてください。たしかに世の中には、起業家として成功した人がたくさんいますが、全体からすればほんのひとにぎりなのです。

個人的には、いきなり会社を辞めることはおススメしません。まずは副業として試験的に始めてみるなどして、「これなら大丈夫。うまくいく」という確証が得られてから会社を辞めるのがいいと思います。

毎月、決まった給料が得られるのは精神的にも安定しますし、どれくらいの年収になるのか、ある程度は予想できます。サラリーマンも決して悪いことばかりではありません。

どうしても起業したいのなら、とにかく自分に厳しい判断をしてください。

「捕らぬ狸《たぬき》の皮算用」をするのではなく、「最悪の事態」を想定しておくのが賢明です。

6章

気づいたら、すべてがうまく回りだす

……この「心理術」を上手に使いこなす人

「暗示」をポジティブに使ってみる

小さな子どもがつまずいて転ぶと、お母さんは「痛くないよ、痛くないよ」と呪文《じゅもん》をかけます。すると、泣きそうな顔をしている子どもも、なんとか泣かずに頑張ることができます。

お医者さんもそうですね。注射をするとき、まだ針を刺してもいないのに、「はい、もう終わりですよ」「全然、痛くありませんからね」とやさしい声で話しかけます。すると、患者もそんなに痛みを感じないものです。

これらの言葉は、心理学的にいうと、**「暗示」**と呼ばれるものです。

実は、この「暗示」、自分自身にかけてもかまわないのです。というより、むしろ積極的にかけてほしいのです。

スポーツ選手などは、こういう自己暗示で、自分をだますことをよくやります。「もう疲れて走れない」と思っても、「いやいや、まだまだいける！」と自分に向かって声をかけたりするのです。

こういうやり方を、**「セルフ・ディセプション」**（直訳すると「自分だまし」）といいます。

★いい意味で「自分をだましてみる」

米国コルゲート大学のジョアンナ・スタレックは、男女大学生の水泳選手を対象にして、「自分をだます」のがどれだけうまいか、心理テストを実施しました。テストは20項目から成っていて、高得点であるほど、「自分をだますのがうまい」ということになります。

スタレックは、大学選手権に出場できる資格を持つレベルの選手と、そうでない普通の選手に分けて心理テストの点数を分析してみたところ、大学選手権に出場できるレベルの選手のほうが、男性でも、女性でも、自分をだますのがうまいことが明らかになりました。

有能なスポーツ選手は、「自分だまし」という作戦をよく使っていたのです。

なぜ、**自分だましがうまい選手ほど、成績もいい**のでしょうか。

それは、スタレックによると、**ストレスを軽減させ、痛みへの耐性を高めるから**だそうです。

★「気持ちの持ちよう」はあなどれない

どんなに苦しくても、「私はまだ苦しくない！」「もっと練習できる！」と自分をだませる選手は、実際に、そんなに苦しさを感じません。自己暗示をかけることによってモチベーションも高まり、競争状況に強くなるのであろう、とスタレックは分析しています。

ちょっと疲れたな、と思ったときに、つい「疲れたなあ」と言ってしまう人は、試しに、

「まだまだいけそうだな」

と自分に声をかけてみてください。そうやって自分をだますと、疲れがとれていくのを感じるかもしれません。

また、夜、就寝するときには、

「ぐっすり眠れば、疲れなんて吹き飛んでいるはず。明日の朝は、気持ちよく起きることができそうだ」

と暗示をかけましょう。すると、清々《すがすが》しい朝を迎えることができるはずです。

「病は気から」という言葉もありますが、「気持ちの持ちよう」で、疲れや苦しさが2倍、3倍になることもあれば、逆に、半減、激減することもあるのです。

「温かみのある関係」をつくるコツ

現代人は、みなクールになりすぎてしまっているのか、職場からも「人情味」というか、「温かさ」が消えてきたと嘆く人は多いでしょう。

まわりに挨拶もろくにせず、黙って自分の机に座るやいなや作業を始めたり、困っている人がいても、だれもが見て見ぬふりをしたり。そういう職場が増えているようです。

では、そういう「冷ややかな職場」を、もっと「温かみのある職場」へと変えることはできないのでしょうか。

もちろん、心理学の知識を使えば可能です。

★自然と協力し合いたくなる「シンクロ法」

米国スタンフォード大学のスコット・ウィルターマスによりますと、軍隊や、教会、コミュニティなどで、みんなで一緒に歌ったり、踊ったりすると、**自分とメンバーとの心理的な一体感を強める**そうです。

なるほど、組織として一体感が強い軍隊や教会では、たしかにみんなで歌ったり、行進したりしていますよね。

ウィルターマスは、この原理を確認するため、3人を1組にして、キャンパスの周囲を歩いてもらう、という実験をしました。

あるグループは、「できるだけ歩調を合わせるように」と指示されました。これはシンクロニー（同調性）を高めるためです。別のグループには、ただ3人で普通に歩いてもらいました。

そのあとに3人で協力し合うゲームをやってもらうと、歩調を合わせて歩いてきたグループのほうが、協力反応がたくさん増えることがわかりました。一緒に歩くことで、仲間意識というか、一体感が生まれたのです。

さらにウィルターマスは2つ目の実験として、「一緒に歌う」ということをしてもらいましたが、やはり協力反応が増えることを確認しました。

また3つ目の実験として、同じリズムを刻む動作をさせたところ、ここでも協力反応が増えることが確認されたのです。

この結果から、たとえばみんなで一緒に社歌を歌ったり、みんなで一斉にラジオ体操をしたりするのは、職場の一体感を強めるのに役立つ、ということがわかります。職場の一体感が高まれば、心の触れ合いも増えるでしょうし、温かみも増してくるはずです。

「なんだ、バカバカしい」などと思わず、ぜひ実践してみてはいかがでしょうか。

「お詫びに出向くタイミング」を間違えない

仕事をしていれば、ミスをすることはだれにでもあります。上司にミスを報告するときもあるでしょうし、お客さまや取引先に迷惑をかけて、お詫《わ》びに出向かねばならないケースも出てくるでしょう。

問題が発生したら、すぐにお詫びするのが基本。

とはいえ、もし相手の〝虫の居所《いどころ》〟が悪かったりすると、やぶへびになることもしばしば。

ですから、**「お詫びに出向くタイミング」もけっこう重要**だったりします。

つまり、できるだけ**相手が「気分のいい」時間帯**、**「人にやさしくなれる」時間帯が狙い目**です。

そういうときなら、相手も大らかな態度で、「ああ、いいよ、いいよ。次から気をつけてくれれば」と簡単に許してくれるかもしれません。

さて、そのタイミングなのですが、結論を先に言うと、**朝イチ**がいいでしょうね。午前中の早い時間帯ですと、人間はまだまだ元気で、疲れていませんから。

★人が「寛大な気持ち」になるときは?

イスラエルにあるベングリオン大学のシャイ・ダンジガーは、1112件もの裁判記録について調べています。

その結果、朝ごはんを食べたばかりの午前中の早い時間帯では、被告に有利な判決が6割以上でした。ところが、お昼近くになると、次第にお腹が空《す》いてくるからか、厳しい判決を出すことが多くなり、被告に有利な判決は「ほぼゼロ」になりました。

お昼ご飯を食べたあとには、また被告に有利な判決が増えましたが、今度も時間の経過とともに、疲労のせいなのでしょうか、また厳しい判決が増える、という傾向が見られたのです。法律と事実に基づいて、機械的に淡々と判決を下していると思われる裁判官でさえ、判決が時間帯に左右されるのです。

ダンジガーによると、**「ブレイク（休憩）後に、人はやさしくなるようだ」**とのことです。

この結果に従えば、お詫びに出向くのは、なるべくやさしくしてもらえるように、朝イチか、午後イチくらいの時間帯にするのがよさそうだと考えられるわけです。

人に迷惑をかけてしまうことは、だれしもあるものですが、なるべく相手に寛大に扱ってもらえるよう、「お詫びに行くタイミング」はしっかりと計算しましょう。

お腹が空いてくるお昼に近い時間帯とか、一日の疲労が蓄積されているような夕方近くにお詫びに出向くと、怒られてしまうようなこともありますから、要注意です。

「経済学を学んだ人」には要注意？

どんなお勉強でも、しないよりはしたほうがいいように思います。ですが、「心理学的に見ると、あまりおススメできない学問」というのもあります。

その学問とは、ズバリ**「経済学」**。

なぜなら、経済学の勉強をしていると、合理的な判断、すなわち、**なるべく自分のソンにならないような判断や行動をする**ようになるからです。

一方、人助けというのは、「無償の行為」です。普通は見返りを求めません。つまり、人助けは自分の労力や時間をとられる、ある意味ソンな行為です。経済学的に解釈すると、そういうことになります。

そのためなのでしょうか、**経済学を学んだ人ほど、人に冷たくなってしまう傾向**が確認されているのです。

★「僕にとって利益があるの？」と考えてしまうクセ

米国コーネル大学のロバート・フランクは、**「経済学を学ぶと他人への協力反応が抑制される」**というタイトルの論文を発表しています。

フランクは、１２４５名のさまざまな学問を専門とする大学教授に、「あなたは、年間何ドルくらい、チャリティにお金を寄付していますか？」と尋ねてみました。

最終的には、５７６名の教授から回答がありました。回答してくれた教授たちを、その専門別に分けてみると、「経済学者」は、「１ドルも寄付しない」がなんと、９・３％もいたのです。

自然科学、社会科学、数学、コンピュータ・サイエンス、芸術などを専門とする教授の場合、「1ドルも寄付しない」は2・9%から4・2%でした。

つまり経済学者だけが、1ドルも寄付しないような、突出して冷たい人間であることがわかったのです。

「何かをするとして、それは僕にとって利益があるの?」

「無償の行為は、ソンでしかない」

経済学を勉強していると、どうもそういう思考のクセがついてしまうようです。

そのため、ものすごく合理的な(言い方を換えれば、とても冷たい)人間になっていくようなのです。

困っている人を助けると、むこうからは「ありがとう!」という感謝が返ってきますから、自分にとっても非常に嬉しいこと。

ですが、そうした「お金に換算できないこと」は、経済学では、「合理的でない」と判断されがちなのです。

つまり、経済学を学んでいない人が学んだ人と心理戦をするのは、少々、分が悪いといえるかもしれませんね。「心してかかったほうがいい」でしょう。

もちろん、そこまでクールに「経済学的合理性」を身につけるには、それこそ本気で経済学を勉強しなければなりません。普通の人が、ちょっとだけ経済学を勉強したくらいでは、そこまで冷たい人間にはならないと思いますので、ご安心ください。

「ズルをする人」を減らすヒント

私の勤めている大学の講師室には、大きな冷蔵庫があって飲み物が入っていいます。そこで飲み物を買う人は、冷蔵庫の上に置かれた箱の中に、代金を入れなければなりません。

缶ジュースが50円で、ペットボトル入りの飲み物が110円ですので、コンビニや自動販売機で買うよりもずいぶんオトクです。しかし、先生の中には、お金を入れなかったり、少なめにしか入れずに飲み物を持って行ってしまう人もいるようです。大学の先生でも、ズルをする人はいるのですね。講師室の担当者が、嘆いていました。

さて、みなさんのオフィスにも、社員の善意を信頼して、自分でお金を入れるような箱が置かれているかもしれません。

こういう場合、**社員のズルを防ぐ方法**があるのでお教えしましょう。

それは、箱の表面に、**「人間の目」に見えるようなイラスト**を描いておくことです。これだけで、人は、**「誰かに見られている」という意識**を持つので、そんなに悪いことはできなくなるのです。

英国ニューカッスル大学のメリッサ・ベイトソンは、自分の勤める大学でこれを検証しています。私の勤務する大学と同様に、ベイトソンの大学でも、紅茶やコーヒーを飲むとき、自分で料金箱にお金を入れることになっていました。ところが、大学の先生たちは、お金を入れてくれないのです。

そこでベイトソンは、10週間にわたって、ある週には人間の目の写真を、別の週には花の写真を貼りつけることを交互にくり返したのです。

するとどうでしょう、人間の目の写真を貼りつけたときには、きちんとお金を払ってくれる人が増えたのです。それでも払ってくれない先生はいましたが、2・76倍もお金の支払いが増えたのですから、まずは大成功と言えるでしょう。

★「見られている意識」を高める工夫

人間の善意を信用するのは悪いことではないのですが、**ズルをするチャンスがあると、どうしてもズルをしてしまう**のが人間の本性。ですから、善意を信用しつつも、「あなたはちゃんと監視されていますよ」と伝えたほうがいいのです。

とはいえ、さすがに「モニターで監視中」といった看板を出したりしては、やりすぎです。代わりに、人間の目に見えるようなイラストなどを、さりげなくペタペタと貼っておけば「見られている意識」も高まり、会社の備品を持ち去るなどの悪いことをする社員は、たぶんものすごく減らせるはずです。

「見た目」はパリッとさせる

「仕事で成功したい」と考えるとき、普通の人は、英会話の勉強を始めたり、何かの資格をとろうとしたりします。つまり、仕事に役立つ「実学」のようなものを身につけようとするのです。

なるほど、これは王道のやり方といえますし、決して間違いではありません。

しかし、少々、面倒くさいですし、労力もかかりそうです。

そこで、**もっと手軽に成功する方法**を考えてみましょう。

そのひとつが、**とにかく「見た目」をよくする**こと。見た目にお金をかければ、それだけで仕事で成功する確率は飛躍的にアップするのです。

★「なんとなく好感の持てる人だな」と感じさせられるか

ここで言う「見た目」とは、生まれつきの「顔だち」のことではありませんので勘違いしないように。私が言う「見た目」とは、**服装のこと**です。女性の場合には、そこに**化粧**も入るでしょう。

少しでも自分が魅力的に見えるような服装・化粧をすることで、仕事の成果が目に見えて変わっていきます。

服装選びのセンスに自信がないのなら、オシャレなお店に出かけて店員さんに選んでもらいましょう。

見た目がパリッとしていると、それだけでよい印象を与えます。

仕事の実力も大切ですが、「なんとなく好感の持てる人だな」と感じさせられるかどうかは、とても重要なポイントなのです。

★「服への投資」で収入が15％もアップ？

米国テキサス大学のダニエル・ハマーメッシュは、800名を超える人を調査し、服装と化粧に「お金をかける人」は、「お金をかけない人」よりも収入が15％以上も高くなることを突き止めています。

見た目をよくすれば、それが収入に直結するのです。

またハマーメッシュは、「あなたの魅力は何点くらいだと思いますか？」と質問し、その点数が高かった上位35％の人たちは、さらに収入が10％高くなることも明らかにしています。

見た目を磨くことの大切さを認識しましょう。

「見た目なんてどうでもいい」

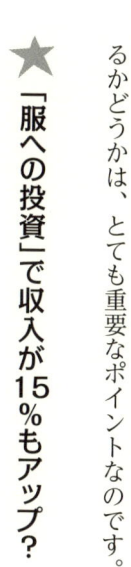

「見た目にこだわるより、人間は中身で勝負だ！」
などと時代錯誤《さくご》なことを言っていたら、収入も頭打ちになってしまうかもしれません。まず何よりも「見た目」を整えてから勝負です。

ところで、スーツやシャツを選ぶときに、大きめのサイズを買ってしまいがちですが、体に合っていないものを着ていると、見る人に違和感を与えます。

きちんと体にフィットした服を着ているだけで、「仕事ができそう」な雰囲気を出すことができます。

自分の仕事に関連した本を読むのもいいですが、たまにはファッション関係の本を読んでみるのも、決して悪くはありません。いろいろと参考になることが書かれていますよ。

「過去の実績」プラス「将来的な可能性」をアピール

就職面接において、たいていの人は**「自分の過去の実績」**をひけらかそうとします。

「私は、○○の大会で優秀賞をとりました」
「私は、5年間の実務経験があり、これこれの成果をあげました」

大半の応募者は、こんな感じで自分をアピールしようとするものです。実績を強調したほうが、面接官のウケがよくなると思っているのでしょう。

たしかに、面接官は、それぞれの応募者の過去の実績「も」評価の対象にしますが、実績「だけ」で評価を下すのではありません。

むしろ面接官は、**「これから、どんなことをやってくれそうか」**という**将来性、可能性、潜在能力**のほうに目を向ける傾向があります。

したがって、就職面接においては、「実績のアピール」はほどほどにして、「将来性」について語ったほうが採用してもらえる可能性が高くなると覚えておきましょう。

★「見どころがある」と思わせたら勝ち

米国スタンフォード大学のザッカリー・トルマラは、多くの人を集めて、「あなたがNBA（全米プロバスケットボール）のチーム運営管理者だとして、次の選手の年俸をどうしますか？」と尋ねてみました。

ただし、選手のプロフィールについては、人によってわずかに変えられていました。

ある人には、過去5年間で選手があげた得点の実績だけが書かれたプロフィールを読ませ、別の人には、過去5年間の得点の実績に加え、**「6年目にはこれだけの得点をあげられるだろう」という将来性**も書かれたプロフィールを読ませたのです。

その結果、過去の実績だけがアピールされたプロフィールを読んだ人たちが、この選手に払いたい年俸額の平均は、426万ドルでした。そして、将来性が含まれたプロフィールを読んだ人たちの場合は、525万ドルとなりました。

つまり、採用においては、面接官は「将来性」を判断基準にしていることが、この実験でわかります。

「僕には、人に誇れる過去の実績なんて、何もありません」

そうした心配をする人がいるかもしれませんが、悲観しすぎないように。

輝かしい業績がなくとも、

「こいつは見どころがある」

と思ってもらえれば、採用してもらえるのです。

私は就活を控えた大学生にも、同じアドバイスをしています。バイトに明け暮れ、勉強もほとんどしていなかったとしても、それだけで就活が失敗するようなことはありません。

むしろ、中途半端な実績をアピールするより、「努力だけは人に負けない」などとアピールするほうが面接はうまくいきやすいと伝えると、学生もホッと胸をなでおろしてくれます。

Column

「エコヒイキされる人」は伝え方がうまい

何かを人に伝えるとき、**「どのように表現するか」**で、受け取る側の印象はずいぶん変わるものです。

人を動かすのが上手な人は、そういうところにとても敏感です。

なぜなら、表現を間違えると、「当然、受け入れてもらえること」も、〝けんもほろろ〟にはねつけられてしまうからです。ほんの少しの言い方の違いで、得られる結果がまったく異なってくるのです。

たとえば、次の2つの表現を見てください。どちらも新商品のヨーグルトに記載された成分表記だとしましょう。

A　脂肪分5％含む
B　脂肪分95％カット

言い表わしていることは、どちらも同じですよね。けれども、Bのほうが受けるイメージは何となくいいのではないでしょうか。

実は、この2つの比較表現は、スコットランドのグラスゴー大学のアンソニー・サンフォードが実験に用いたものです。もちろん、この2つの表記を見た実験参加者は、Bのほうがよりヘルシーだと判断しました。

✔ほんのわずかな「表現の違い」が「大きな結果の違い」をもたらす

他にも似たような実験結果はあります。

肉の評価をしてもらうとき、「脂身が25％」と書かれた肉と、「赤身が75％」と書かれた肉を食べてもらうと、どちらも同じ肉であるはずなのに、後者のほうがよりおいしいと判断された、というのです。

「言葉の使い方」というのは、本当に難しいのです。

上司に企画をプレゼンするとき、同じような伝え方をしているのに、Aさんばかりがうまく企画が通る、ということはよくあります。

「なんでAさんばっかりエコヒイキされるんだろう」と思うかもしれませんが、それはAさんが伝え方を工夫しているから。

同じような表現をしていても、ほんのわずかな表現の違いが、驚くほど大きな結果の違いをもたらすことは、よくあることなのです。

実は、書籍のタイトルもそうなのです。

まったく同じテーマ、似たような構成、同じ値段がついていても、片方は飛ぶように売れるのに、他方はさっぱり売れないということがあります。これも、ちょっとしたタイトル表現の違いがもたらす心理効果によるのです。

では、どんなタイトルにすればベストセラーを連発できるのかというと、残念ながら、それはわかりません（笑）。

私も自分の本で、「これは売れる」と思っていたのに、フタを開けたらさっぱり売れなかった、という苦い経験を何度もしています。

あとがき——「自分の心との勝負」に勝てば、悩みは消え去る

読者のみなさんもそうだと思うのですが、人間って、本当に悩みが尽きませんよね。そうした悩みを、少しでも解決するお手伝いができないかな、と思って執筆したのが本書です。

心理学という学問が、あらゆる人間の悩みを解決できる万能の科学だなどと大それたことを言うつもりはありませんが、「ちょっとした悩みなら、十分に解決できる」くらいの有用性のある学問だと、私は思っています。

そこで、科学的に裏づけのあるデータだけに基づきながら、できるだけ、多く

の人が悩んでいるようなテーマをとりあげて、みなさんの問題のいくらかでも解決できるよう、アドバイスをしてきました。

「なあんだ、私の悩みなんて、このやり方ならいっぺんに解決できそう！」

「あっ、こんな方法があったんだ。知らなかったな。ぜひ試してみよう！」

読者のみなさんが、そんなふうに感じてくれたとしたら、筆者冥利《みょうり》に尽きます。


人間、生きていくためには、少しばかり「ズルいところ」もないとダメだと私は思っています。言葉を換えれば、ちょっとした「処世のコツ」を、かしこく身につけてほしいと思っているのです。

真面目で人の気持ちがよくわかる人ほど、人からの「圧」に弱くて、悩んでしまうケースが多いと私は見ています。この本をきっかけに、これまでより「心理戦にうまくなる」ことで、毎日の悩みが減って、軽やかな心で生きられるようになっていただければ、と思っています。

最後になりましたが、本書をお読みくださって本当にありがとうございます。読者のみなさん全員に、心から「ありがとうございました！」と感謝いたします。

世の中には、信じられないくらいたくさん、「○○心理学」とついたタイトルの本がありますが、その中から私の本を選んでくださり、そして最後までおつきあいくださったことを嬉しく思います。

もし機会があれば、ぜひまたどこかでお目にかかりましょう。

それでは失礼いたします。

内藤　誼人

Psychology, 12, 145-155.
●Strack, F., Martin, L. L., & Stepper, S. 1988 Inhibiting and facilitating conditions of the human smile: A nonobtrusive test of the facial feedback hypothesis. Journal of Personality and Social Psychology, 54, 768-777.
●Tamir, M., Robinson, M. D., Clore, G. L., Martin, L. L., & Whitaker, D. J. 2004 Are we puppets on a string? The contextual meaning of unconscious expressive cues. Personality and Social Psychology Bulletin, 30, 237-249.
●Thompson, T., Mason, B., & Montgomery, I. 1999 Worry and defensive pessimism: A test of two intervention strategies. Behaviour Change, 16, 246-258.
●Tormala, Z. L., Jia, J. S., & Norton, M. I. 2012 The preference for potential. Journal of Personality and Social Psychology, 103, 567-583.
●Vas, J., Topal, J., Gacsi, M., Miklosi, A., & Csanyi, V. 2005 A friend or an enemy? Dogs' reaction to an unfamiliar person showing behavioural cues of threat and friendliness at different times. Applied Animal Behaviour Science, 94,, 99-115.
●Wansink, B., Kent, R. J., & Hoch, S. J. 1988 An anchoring and adjustment model of purchase quantity decisions. Journal of Marketing Research, 35, 71-81.
●Wiltermuth, S. C., & Heath, C. 2009 Synchrony and cooperation. Psychological Science, 20, 1-5.
●Yamagishi, K. 1997 When a 12.86% mortality is more dangerous than 24.14%: Implications for risk communication. Applied Cognitive Psychology, 11, 495-506.
●Zeidner, M., & Schleyer, E. J. 1998 The big-fish-little-pond effect for academic self-concept, test anxiety, and school grades in gifted children. Contemporary Educational Psychology, 24, 305-329.
●Zhong, C. B., Bohns, V. K., & Gino, F. 2010 Good lamps are the best police: Darkness increases dishonesty and self-interested behavior. Psychological Science, 21, 311-314.

●Pierce, C. A., Byrne, D., & Aguinis, H. 1996 Attraction in organizations: A model of workplace romance. Journal of Organizational Behavior, 17, 5-32.
●Polivy, J., & Herman, C. P. 2000 The false-hope syndrome: Unfulfilled expectations of self-change. Current Directions in Psychological Science, 9, 128-131.
●Prelec, D., & Simester, D. 2001 Always leave home without it: A further investigation of the credit-card effect on willingness to pay. Marketing Letters, 12, 5-12.
●Rejeski, W. J., Focht, B. C., Messier, S. P., Morgan, T., Pahor, M., & Penninx, B. 2002 Obese, older adults with knee osteoarthritis: Weight loss, exercise, and quality of life. Health Psychology, 21, 419-426.
●Rundle-Gardiner, A., & Carr, S. C. 2005 Quitting a workplace that discourages achievement motivation: Do individual differences matter? New Zealand Journal of Psychology, 34, 149-156.
●Ryder, D. 1999 Deciding to change: Enhancing client motivation to change behavior. Behavior Change, 16, 165-174.
●Sanford, A. J., Fay, N., Stewart, A., & Moxey, L. 2002 Perspective in statements of quantity, with implications for consumer psychology. Psychological Science, 13, 130-134.
●Scheibehenne, B., Mata, J., & Todd, P. M. 2011 Older but not wiser —— Predicting a partner's preferences gets worse with age. Journal of Consumer Psychology, 21, 184-191.
●Schnall, S., & Laird, J. D. 2003 Keep smiling: Enduring effects of facial expressions and postures on emotional experience and memory. Cognition and Emotion, 17, 787-797.
●Smith, D. M., Langa, K. M., Kabeto, M. U., & Ubel, P. A. 2005 Health, wealth, and happiness: Financial resources buffer subjective well-being after the onset of a disability. Psychological Science, 16, 663-666.
●Starek, J. E., & Keating, C. F. 1991 Self-deception and its relationship to success in competition. Basic and Applied Social

Psychology, 40, 17-25.
●Jordi, Q., Dunn, E. W., Petrides, K. V., & Mikolajczak, M. 2010 Money giveth, money taketh away: The dual effect of wealth on happiness. Psychological Science, 21, 759-763.
●Keizer, K., Lindenberg, S., & Steg, L. 2008 The spreading of disorder. Science, 322, 1681-1685.
●Kellerman, J. M., & Laird, J. D. 1982 The effect of appearance on self-perceptions. Journal of Personality, 50, 296-315.
●Kreutz, G., Bongard, S., Rohmann, S., Hodapp, V., & Grebe, D. 2004 Effects of choir singing or listening on secretory immunoglobulin A, Cortisol, and emotional state. Journal of Behavioral Medicine, 27, 623-635.
●Kruger, J., & Dunning, D. 1999 Unskilled and unaware of it: How difficulties in recognizing one's own incompetence lead to inflated self-assessments. Journal of Personality and Social Psychology, 77, 1121-1134.
●Lanzetta, J. T., Cartwright-Smith, J., & Kleck, R. E. 1976 Effects of nonverbal dissimulation on emotional experience and autonomic arousal. Journal of Personality and Social Psychology, 33, 354-370.
●Lima, M. L. 2004 On the influence of risk perception on mental health: Living near an incinerator. Journal of Environmental Psychology, 24, 71-84.
●Lucas, J. L., & Heady, R. B. 2002 Flextime commuters and their driver stress, feelings of time urgency, and commute satisfaction. Journal of Business and Psychology, 16, 565-572.
●Murnigham, J. K., & Conlon, D. E. 1991 The dynamics of intense work groups: A study of British string quartets. Administrative Science Quarterly, 36, 165-186.
●Mussweiler, T. 2006 Doing is for thinking! Stereotype activation by stereotypic movements. Psychological Science, 17, 17-21.
●Oppenheimer, D. M. 2006 Consequences of erudite vernacular utilized irrespective of necessity: Problems with using long words needlessly. Applied Cognitive Psychology, 20, 139-156.

economics inhibit cooperation? Journal of Economic Perspectives, 7, 159-171.
●Geschwind, N., Peeters, F., Drukker, M., Os, J. V., & Wichers, M. 2011 Mindfulness training increase momentary positive emotions and reward experience in adults vulnerable to depression: A randomized controlled trial. Journal of Consulting and Clinical Psychology, 79, 618-628.
●Giuliani, N. R., Calcott, R. D., & Berkman, E. T. 2013 Piece of cake, cognitive reappraisal of food craving. Appetite, 64, 56-61.
●Glazer, A., & Konrad, K. A. 1996 A signaling explanation for charity. American Economic Review, 86, 1019-1028.
●Goldstein, J. H., & Arms, R. L. 1971 Effects of observing athletic contests on hostility. Sociometry, 34, 83-90.
●Hamermesh, D. S., Meng, X., & Zhang, J. 2002 Dress for success —— Does primping pay? Labour Economics, 9, 361-373.
●Hawk, S. T., Fischer, A. H., & Van Kleef, G. A. 2012 Face the noise: Embodied responses to nonverbal vocalizations of discrete emotions. Journal of Personality and Social Psychology, 102, 796-814.
●Heilman, C. M., Nakamoto, K., & Rao, A. G. 2002 Pleasant surprises: Consumer response to unexpected in-store coupons. Journal of Marketing Research, 39, 242-252.
●Helliwell, J. F., & Wang, S. 2014 Weekends and subjective well-being. Social Indicators Research, 116, 389-407.
●Henagan, S. C., & Bedeian, A. G. 2009 The perils of success in the workplace: Comparison target responses to coworkers' upward comparison threat. Journal of Applied Social Psychology, 39, 2438-2468.
●Herman, C. P., Olmsted, M. P., & Polivy, J. 1983 Obesity, externality, and susceptibility to social influence: An integrated analysis. Journal of Personality and Social Psychology, 45, 926-934.
●Hofmann, W., Deutsch, R., Lancaster, K., & Banaji, M. R. 2010 Cooling the heat of temptation: Mental self-control and the automatic evaluation of tempting stimuli. European Journal of Social

●Della Vigna, S., & Malmendier, U. 2006 Paying not to go to the gym. American Economic Review, 96, 694-719.
●Donaldson, J. M., & Vollmer, T. R. 2012 A procedure for thinning the schedule of time-out. Journal of Applied Behavior Analysis, 45, 625-630.
●Easterlin, R. A. 2001 Life cycle welfare: Evidence and conjecture. Journal of Socio-Economics ,30, 31-61.
●Edwards, F. 2012 Early to rise? The effect of daily start times on academic performance. Economics of Education Review, 31, 970-983.
●English, B., Mussweiler, T., & Strack, F. 2006 Playing dice with criminal sentences: The influence of irrelevant anchors on experts' judicial decision making. Personality and Social Psychology Bulletin, 32, 188-200.
●Epley, N., & Gilovich, T. 2001 Putting adjustment back in the anchoring and adjustment heuristic: Differential processing of self-generated and experimenter-provided anchors. Psychological Science, 12, 391-396.
●Eren, O., & Henderson, D. J. 2011 Are we wasting our children's time by giving them more homework? Economics of Education Review, 30, 950-961.
●Erskine, J. A. K., Georgiou, G. J., & Kvavilashvill, L. 2010 I suppress, therefore I smoke: Effects of thought suppression on smoking behavior. Psychological Science, 21, 1225-1230.
●Fletcher, B. C., Hanson, J., Page, N., & Pine, K. 2011 FIT —— Do something different: A new behavioral program for sustained weight loss. Swiss Journal of Psychology, 70, 25-34.
●Foxman, J., & Radtke, R. C. 1970 Negative expectancy and the choice of an aversive task. Journal of Personality and Social Psychology, 15, 255-257.
●Francis-Tan, A., & Mialon, H. M. 2015 "A diamond is forever" and other fairy tales: The relationship between wedding expenses and marriage duration. Economic Inquiry, 53, 1919-1930.
●Frank, R. H., Gilovich, T., & Regan, D. T. 1993 Does studying

参考文献

●Amsterdam, J. V., Opperhuizen, A., Koeter, M., & van den Brink, W. 2010 Ranking the harm of alcohol, tobacco and illicit drugs for the individual and the population. European Addiction Research, 16, 202-207.

●Bateson, M., Nettle, D., & Roberts, G. 2006 Cues of being watched enhance cooperation in a real-world setting. Biology Letters, 2, 412-414.

●Bushman, B. J., DeWall, C. N., Pond, R. S. Jr., & Hanus, M. D. 2014 Low glucose relates to greater aggression in married couples. Proceedings of the National Academy of Sciences of the United States of America, 111, 6254-6257.

●Carney, D. R., Cuddy, A. J. C., & Yap, A. J. 2010 Power posing: Brief nonverbal displays affect neuroendocrine levels and risk tolerance. Psychological Science, 21, 1363-1368.

●Chandler, J., & Schwarz, N. 2009 How extending your middle finger affects your perception of others: Learned movements influence concept accessibility. Journal of Experimental Social Psychology, 45, 123-128.

●Comer, R., & Laird, J. D. 1975 Choosing to suffer as a consequence of expecting to suffer: Why do people do it? Journal of Personality and Social Psychology, 32, 92-101.

●Cooper, A. C., Woo, C. Y., & Dunkelberg, W. C. 1988 Entrepreneurs' perceived chances for success. Journal of Business Venturing, 3, 97-108.

●Croyle, R. T., Loftus, E. F., Barger, S. D., Sun, Y. C., Hart, M., & Gettig, J. 2006 How well do people recall risk factor test results? Accuracy and bias among cholesterol screening participants. Health Psychology, 25, 425-432.

●Danziger, S., Levav, J., & Avnaim-Pesso, L. 2011 Extraneous factors in judicial decisions. Proceedings of the National Academy of Sciences of the United States, 108, 6889-6892.

本書は、本文庫のために書き下ろされたものです。

心理戦《しんりせん》がうまい人《ひと》

著者　内藤誼人（ないとう・よしひと）
発行者　押鐘太陽
発行所　株式会社三笠書房
〒102-0072 東京都千代田区飯田橋3-3-1
電話　03-5226-5734（営業部）　03-5226-5731（編集部）
https://www.mikasashobo.co.jp
印刷　誠宏印刷
製本　ナショナル製本

ISBN978-4-8379-6941-9　C0130

王様文庫

対人心理学のスペシャリスト
内藤誼人の本

いちいち気にしない心が手に入る本

対人心理学のスペシャリストが教える「何があっても受け流せる」心理学。◎「マイナスの感情」をはびこらせない　◎〝胸を張る〟だけで、こんなに変わる　◎「自分だって捨てたもんじゃない」と思うコツ……etc.「心を変える」方法をマスターできる本！

いちいち感情的にならない本

忙しすぎてイラッ、「何気ないひと言」にグサッ、軽く扱われてモヤッ……あなたも「些細なこと」で心の波風、立てていませんか？　感情をうまく整理して、「ムッ」とくる気持ちをこじらせない方法が満載の1冊！　心理学の「ちょっとしたコツ」で気分は晴れていきます。

なかなか気持ちが休まらない人へ

人の気持ちに敏感な人にこそ知っておいてほしい、「穏やかな気持ち」を取り戻すヒント。◇「ちょっと図太いあの人」みたいになる方法　◇「見て見ぬふり」ができるのも人間力　◇「少しだけズルい自分」も面白い……etc.「リラックスがうまい人」は誰よりも強い！

K30531